COLLECTION POÉSIE

HENRI MICHAUX

La nuit
remue

*Nouvelle édition
revue et corrigée*

GALLIMARD

La nuit remue

LA NUIT REMUE

I

Tout à coup, le carreau dans la chambre paisible montre une tache.

L'édredon à ce moment a un cri, un cri et un sursaut; ensuite le sang coule. Les draps s'humectent, tout se mouille.

L'armoire s'ouvre violemment; un mort en sort et s'abat. Certes, cela n'est pas réjouissant.

Mais c'est un plaisir que de frapper une belette. Bien, ensuite il faut la clouer sur un piano. Il le faut absolument. Après on s'en va. On peut aussi la clouer sur un vase. Mais c'est difficile. Le vase n'y résiste pas. C'est difficile. C'est dommage.

Un battant accable l'autre et ne le lâche plus. La porte de l'armoire s'est refermée.

On s'enfuit alors, on est des milliers à s'enfuir. De tous côtés, à la nage; on était donc si nombreux!

Étoile de corps blancs, qui toujours rayonne, rayonne...

2

Sous le plafond bas de ma petite chambre, est ma nuit, gouffre profond.

Précipité constamment à des milliers de mètres de profondeur, avec un abîme plusieurs fois aussi immense sous moi, je me retiens avec la plus grande difficulté aux aspérités, fourbu, machinal, sans contrôle, hésitant entre le dégoût et l'opiniâtreté; l'ascension-fourmi se poursuit avec une lenteur interminable. Les aspérités de plus en plus infimes, se lisent à peine sur la paroi perpendiculaire. Le gouffre, la nuit, la terreur s'unissent de plus en plus indissolublement.

3

Déjà dans l'escalier elle commença à n'être plus bien grande. Enfin arrivée au 3me, au moment de franchir le seuil de ma chambre, elle n'était guère plus haute qu'une perdrix. Non, non, alors je n'y tiens pas. Une femme, bien! pas une perdrix. Elle savait bien pourquoi je l'avais appelée. Ce n'était pas pour... enfin!

Dans ce cas, pourquoi s'obstiner en dépit de toute raison, et me retenir sauvagement par le pantalon?

Le dernier coup de pied que je lui ai envoyé l'a fait tomber jusqu'à la loge de la concierge.

Certes, je ne voulais pas cela. Elle m'y a forcé,
je peux le dire. Je crois bien que je puis le dire.

Et maintenant, au bas de l'escalier, ses
petits gémissements, gémissements, gémisse-
ments, comme font tous les êtres malfaisants.

4

... Elles apparurent, s'exfoliant doucement des
solives du plafond... Une goutte apparut, grosse
comme un œuf d'huile et lourdement tomba,
une goutte tomba, ventre énorme, sur le plan-
cher.

Une nouvelle goutte se forma, matrice lui-
sante quoique obscure, et tomba. C'était une
femme.

Elle fit des efforts extravagants et sans nul
doute horriblement pénibles, et n'arriva à rien.

Une troisième goutte se forma, grossit, tomba.
La femme qui s'y forma, instantanément apla-
tie, fit cependant un tel effort... qu'elle se
retourna.

D'un coup. Puis tout mouvement cessa.

Longues étaient ses jambes, longues. Elle eût
fait une danseuse.

De nouveau une goutte se forma et grossit,
tumeur terrible d'une vie trop promptement
formée, et tomba.

Les corps allaient s'amoncelant, crêpes vi-
vantes, bien humaines pourtant sauf l'aplatis-
sement.

Puis les gouttes ne coulèrent plus. Je m'éten-

dis près d'un tas de petites femmes, la stupeur
dans l'esprit, navré, ne songeant ni à elles ni
à moi, mais à l'amère vie quotidienne.

5

Nous sommes toujours trois dans cette galère.
Deux pour tenir la conversation et moi pour
ramer.

Qu'il est dur le pain quotidien, dur à gagner
et dur à se faire payer!

Ces deux bavards sont toute ma distraction,
mais c'est tout de même dur de les voir manger
mon pain.

Ils parlent tout le temps. S'ils ne parlaient
pas tout le temps, certes l'immensité de l'océan
et le bruit des tempêtes, disent-ils, viendraient
à bout de mon courage et de mes forces.

Faire avancer à soi tout seul un bateau, avec
une paire de rames, ce n'est pas commode.
L'eau a beau n'offrir que peu de résistance...
Elle en offre, allez. Elle en offre, il y a des jours
surtout...

Ah! comme j'abandonnerais volontiers mes
rames.

Mais ils y ont l'œil, n'ayant que ça à faire,
et à bavarder et à manger mon pain, ma petite
ration dix fois rognée déjà.

6

Mes petites poulettes, vous pouvez dire tout
ce que vous voulez, ce n'est pas moi qui m'em-

bête. Hier encore, j'arrachai un bras à un agent.
C'était peut-être un bras galonné de brigadier.
Je n'en suis pas sûr. Je l'arrachai vivement, et
le rejetai de même.

Mes draps jamais pour ainsi dire ne sont
blancs. Heureusement que le sang sèche vite.
Comment dormirais-je sinon?

Mes bras égarés plongent de tous côtés dans
des ventres, dans des poitrines; dans les organes
qu'on dit secrets (secrets pour quelques-uns!).

Mes bras rapportent toujours, mes bons bras
ivres. Je ne sais pas toujours quoi, un morceau
de foie, des pièces de poumons, je confonds tout,
pourvu que ce soit chaud, humide et plein de
sang.

Dans le fond ce que j'aimerais, c'est de trou-
ver de la rosée, très douce, bien apaisante.

Un bras blanc, frais, soigneusement recou-
vert d'une peau satinée, ce n'est pas si mal.
Mais mes ongles, mes dents, mon insatiable
curiosité, le peu que je puis m'accoutumer du
superficiel... Enfin, c'est comme ça. Tel partit
pour un baiser qui rapporta une tête.

Priez pour lui, il enrage pour vous.

MON ROI

Dans ma nuit, j'assiège mon Roi, je me lève progressivement et je lui tords le cou.

Il reprend des forces, je reviens sur lui, et lui tords le cou une fois de plus.

Je le secoue, et le secoue comme un vieux prunier, et sa couronne tremble sur sa tête.

Et pourtant, c'est mon Roi, je le sais et il le sait, et c'est bien sûr que je suis à son service.

Cependant dans la nuit, la passion de mes mains l'étrangle sans répit. Point de lâcheté pourtant, j'arrive les mains nues et je serre son cou de Roi.

Et c'est mon Roi, que j'étrangle vainement depuis si longtemps dans le secret de ma petite chambre; sa face d'abord bleuie, après peu de temps redevient naturelle, et sa tête se relève, chaque nuit, chaque nuit.

Dans le secret de ma petite chambre, je pète à la figure de mon Roi. Ensuite j'éclate de rire. Il essaie de montrer un front serein, et lavé de toute injure. Mais je lui pète sans discontinuer à la figure, sauf pour me retourner vers lui, et éclater de rire à sa noble face, qui essaie de garder de la majesté.

C'est ainsi que je me conduis avec lui; commencement sans fin de ma vie obscure.

Et maintenant je le renverse par terre, et m'assieds sur sa figure. Son auguste figure disparaît; mon pantalon rude aux taches d'huile, et mon derrière — puisque enfin c'est son nom — se tiennent sans embarras sur cette face faite pour régner.

Et je ne me gêne pas, ah non, pour me tourner à gauche et à droite, quand il me plaît et plus même, sans m'occuper de ses yeux ou de son nez qui pourraient être dans le chemin. Je ne m'en vais qu'une fois lassé d'être assis.

Et si je me retourne, sa face imperturbable règne, toujours.

Je le gifle, je le gifle, je le mouche ensuite par dérision comme un enfant.

Cependant il est bien évident que c'est lui le Roi, et moi son sujet, son unique sujet.

A coups de pied dans le cul, je le chasse de ma chambre. Je le couvre de déchets de cuisine et d'ordures. Je lui casse la vaisselle dans les jambes. Je lui bourre les oreilles de basses et pertinentes injures, pour bien l'atteindre à la fois profondément et honteusement, de calomnies à la Napolitaine particulièrement crasseuses et circonstanciées, et dont le seul énoncé est une souillure dont on ne peut plus se défaire, habit ignoble fait sur mesure : le purin vraiment de l'existence.

Eh bien, il me faut recommencer le lendemain.

Il est revenu; il est là. Il est toujours là. Il
ne peut pas déguerpir pour de bon. Il doit
absolument m'imposer sa maudite présence
royale dans ma chambre déjà si petite.

Il m'arrive trop souvent d'être impliqué dans
des procès. Je fais des dettes, je me bats au
couteau, je fais violence à des enfants, je n'y
peux rien, je n'arrive pas à me pénétrer de
l'esprit des Lois.

Quand l'adversaire a exposé ses griefs au
tribunal, mon Roi écoutant à peine mes raisons
reprend la plaidoirie de l'adversaire qui devient
dans sa bouche auguste le réquisitoire, le préli-
minaire terrible du jugement qui va me tomber
dessus.

A la fin seulement, il apporte quelques res-
trictions futiles.

L'adversaire, jugeant que c'est peu de chose,
préfère retirer ces quelques griefs subsidiaires
que le tribunal ne retient pas. Il lui suffit sim-
plement d'être assuré du reste.

C'est à ce moment que mon Roi reprend l'ar-
gumentation depuis le début, toujours comme
s'il la faisait sienne, mais en la rognant encore
légèrement. Cela fait, et l'accord établi sur ces
points de détail, il reprend encore l'argumen-
tation, depuis le début, et, l'affaiblissant ainsi
petit à petit, d'échelon en échelon, de reprise
en reprise, il la réduit à de telles billevesées,
que le tribunal honteux et les magistrats au
grand complet se demandent comment on a osé

les convoquer pour de pareilles vétilles, et un jugement négatif est rendu au milieu de l'hilarité et des quolibets de l'assistance.

Alors mon Roi, sans plus s'occuper de moi que si je n'étais pas en question, se lève et s'en va, impénétrable.

On peut se demander si c'est une besogne pour un Roi; c'est là pourtant qu'il montre ce qu'il est, ce tyran, qui ne peut rien, rien laisser faire sans que sa puissance d'envoûtement ne soit venue se manifester, écrasante et sans recours.

Imbécile, qui tentai de le mettre à la porte! Que ne le laissai-je dans cette chambre tranquillement, tranquillement sans m'occuper de lui.

Mais non. Imbécile que j'ai été, et lui, voyant comme c'était simple de régner, va bientôt tyranniser un pays entier.

Partout où il va, il s'installe.

Et personne ne s'étonne, il semble que sa place était là depuis toujours.

On attend, on ne dit mot, on attend que Lui décide.

Dans ma petite chambre viennent et passent les animaux. Pas en même temps. Pas intacts. Mais ils passent, cortège mesquin et dérisoire des formes de la nature. Le lion y entre la tête basse, pochée, cabossée comme un vieux paquet de hardes. Ses pauvres pattes flottent. Il progresse on ne sait comment, mais en tout cas comme un malheureux.

L'éléphant entre dégonflé et moins solide qu'un faon.

Ainsi du reste des animaux.

Aucun appareil. Aucune machine. L'automobile y entre strictement laminée et ferait à la rigueur un parquet.

Telle est ma petite chambre où mon inflexible Roi ne veut rien, rien qu'il n'ait malmené, confondu, réduit à rien, où moi cependant j'ai appelé tant d'êtres à devenir mes compagnons.

Même le rhinocéros, cette brute qui ne peut sentir l'homme, qui fonce sur tout (et si solide taillé en roc), le rhinocéros lui-même un jour, entra en brouillard presque impalpable, évasif et sans résistance... et flotta.

Cent fois plus fort que lui était le petit rideau de la lucarne, cent fois plus, que lui, le fort et l'impétueux rhinocéros qui ne recule devant rien, que lui mon grand espoir.

Je lui avais sacrifié ma vie d'avance. J'étais prêt.

Mais mon Roi ne veut pas que les rhinocéros entrent autrement que faibles et dégoulinants.

Une autre fois peut-être lui permettra-t-il de circuler avec des béquilles... et, pour le circonscrire, un semblant de peau, une mince peau d'enfant qu'un grain de sable écorchera.

C'est comme cela que mon Roi autorise les animaux à passer devant nous. Comme cela seulement.

Il règne; il m'a; il ne tient pas aux distractions.

Cette petite menotte rigide dans ma poche, c'est tout ce qui me reste de ma fiancée.

Une menotte sèche et momifiée (se peut-il vraiment qu'elle fût à elle?). C'est tout ce qu'il m'a laissé d'Elle.

Il me l'a ravie. Il me l'a perdue. Il me l'a réduite à rien!

Dans ma petite chambre, les séances du palais sont tout ce qu'il y a de plus misérable.

Même les serpents ne sont pas assez bas, ni rampants pour lui, même un pin immobile l'offusquerait.

Aussi, ce qui paraît à sa Cour (à notre pauvre petite chambre!) est-il si incroyablement décevant que le dernier des prolétaires ne saurait l'envier.

D'ailleurs qui d'autre que mon Roi, et moi qui en ai l'habitude, pourrait saisir quelque être respectueux dans ces avances et reculs de matière obscure, ces petits ébats de feuilles mortes, ces gouttes peu nombreuses qui tombent graves et désolées dans le silence.

Vains hommages, d'ailleurs!

Imperceptibles sont les mouvements de Sa face, imperceptibles.

LE SPORTIF AU LIT

Il est vraiment étrange que, moi qui me moque du patinage comme de je ne sais quoi, à peine je ferme les yeux, je vois une immense patinoire.

Et avec quelle ardeur je patine!

Après quelque temps, grâce à mon étonnante vitesse qui ne baisse jamais, je m'éloigne petit à petit des centres de patinage, les groupes de moins en moins nombreux s'échelonnent et se perdent. J'avance seul sur la rivière glacée qui me porte à travers le pays.

Ce n'est pas que je cherche des distractions dans le paysage. Non. Je ne me plais qu'à avancer dans l'étendue silencieuse, bordée de terres dures et noires, sans jamais me retourner, et, si souvent et si longtemps que je l'aie fait, je ne me souviens pas d'avoir jamais été fatigué, tant la glace est légère à mes patins rapides.

*

Au fond je suis un sportif, le sportif au lit.
Comprenez-moi bien, à peine ai-je les yeux fer-
més que me voilà en action.

Ce que je réalise comme personne, c'est le
plongeon. Je ne me souviens pas, même au
cinéma, d'avoir vu un plongeon en fil à plomb
comme j'en exécute. Ah, il n'y a aucune mol-
lesse en moi dans ces moments.

Et les autres, s'il y a des compétiteurs,
n'existent pas à côté de moi. Aussi n'est-ce pas
sans sourire que j'assiste, quand exceptionnel-
lement ça m'arrive, à des compétitions spor-
tives. Ces petits défauts un peu partout dans
l'exécution, qui ne frappent pas le vulgaire,
appellent immédiatement l'attention du vir-
tuose; ce ne sont pas encore ces gaillards-là, ces
« Taris » ou d'autres, qui me battront. Ils n'at-
teignent pas la vraie justesse.

Je puis difficilement expliquer la perfection
de mes mouvements. Pour moi ils sont telle-
ment naturels. Les trucs du métier ne me ser-
viraient à rien, puisque je n'ai jamais appris à
nager, ni à plonger. Je plonge comme le sang
coule dans mes veines. Oh! glissement dans
l'eau! Oh! l'admirable glissement, on hésite à
remonter. Mais je parle en vain. Qui parmi vous
comprendra jamais à quel point on peut y cir-
culer comme chez soi? Les véritables nageurs

ne savent plus que l'eau mouille. Les horizons
de la terre ferme les stupéfient. Ils retournent
constamment au fond de l'eau.

*

Qui, me connaissant, croirait que j'aime la
foule? C'est pourtant vrai que mon désir secret
semble d'être entouré. La nuit venue, ma
chambre silencieuse se remplit de monde et de
bruits; les corridors de l'hôtel paisible s'em-
plissent de groupes qui se croisent et se cou-
doient, les escaliers encombrés ne suffisent plus;
l'ascenseur à la descente comme à la montée
est toujours plein. Le boulevard Edgar-Quinet,
une cohue jamais rencontrée s'y écrase, des
camions, des autobus, des cars y passent, des
wagons de marchandises y passent et, comme si
ça ne suffisait pas, un énorme paquebot comme
le « Normandie », profitant de la nuit, est venu
s'y mettre en cale sèche, et des milliers de mar-
teaux frappent joyeusement sur sa coque qui
demande à être réparée.

A ma fenêtre, une énorme cheminée vomit
largement une fumée abondante; tout respire la
générosité des forces des éléments et de la race
humaine au travail.

Quant à ma chambre qu'on trouve si nue,
des tentures descendues du plafond lui donnent
un air de foire, les allées et venues y sont de
plus en plus nombreuses. Tout le monde est

animé; on ne peut faire un geste sans rencon-
trer un bras, une taille, et enfin, étant donné
la faible lumière, et le grand nombre d'hommes
et de femmes qui tous craignent la solitude, on
arrive à participer à un emmêlement si dense
et extraordinaire qu'on perd de vue ses petites
fins personnelles... C'est la tribu, ressuscitée
miraculeusement dans ma chambre, et l'esprit
de la tribu, notre seul dieu, nous tient tous
embrassés.

*

A peine ai-je les yeux fermés, voilà qu'un gros
homme est installé devant moi à une table.
Gros, énorme plutôt, on n'en voit de pareils
que dans les caricatures les plus poussées. Et
je crois qu'il s'apprête à manger. Avec sa grande
gueule, que faire d'autre que de manger? Cepen-
dant il ne mange pas. C'est simplement un
homme du type digestif qui donne constam-
ment aux autres l'obsession de la nourriture.
Sa tête pose sa bestialité, ses épaules la déploient
et la justifient. Certes il a beau jeu à s'affirmer
devant moi, maigre, couché et sur le point de
m'endormir, lui énorme, robuste et assis, comme
seul un homme qui commande à plus de cent
kilos de chair peut s'asseoir, et convaincu de
ce qui est direct, et moi qui ne saisis que les
reflets.

Mais entre lui et moi, rien. Il reste à sa table.

Il ne se rapproche pas, ses gestes lents ne se rapprochent pas. Voilà, c'est tout jusqu'à présent, il ne peut davantage; je le sens; lui aussi le sent et le moindre pas qu'il ferait l'éloignerait.

*

Toute la longue nuit, je pousse une brouette... lourde, lourde. Et sur cette brouette se pose un très gros crapaud, pesant... pesant, et sa masse augmente avec la nuit, atteignant pour finir l'encombrement d'un porc.

Pour un crapaud avoir une masse pareille est exceptionnel, garder une masse pareille est exceptionnel, et offrir à la vue et à la peine d'un pauvre homme qui voudrait plutôt dormir la charge de cette masse est tout à fait exceptionnel.

*

De gigantesques élytres, et quelques énormes pattes d'insectes entrecroisées d'un vert éclatant, apparurent sur le mur de ma chambre, étrange panoplie.

Ces verts rutilants, segments, morceaux et membres divers ne se lièrent pas en forme de corps. Ils restèrent comme les dépouilles respectées d'un noble insecte qui succomba au nombre.

*

Le matin quand je me réveille, je trouve juché et misérablement aplati au haut de mon armoire à glace, un homme-serpent.

L'amas de membres contorsionnés, à la façon décourageante des replis de l'intestin, appartient-il tout entier à cette petite tête épuisée, accablée? Il faut le croire. Une jambe démesurée pend, traînant contre la glace une misère sans nom. Qu'est-ce qui la ramènera jamais en haut cette jambe en caoutchouc? Si imprévu que soit le nerf dans ces hommes qui semblent tout mous et désossés, cette jambe a fait sa dernière enjambée. Quel aplatissement est celui de l'homme-serpent! Il reste sans bouger. Pourquoi m'en occuper? C'est pas lui qui me semble bien désigné pour me tenir compagnie dans ma solitude et pour me donner enfin la réplique.

Attiré vers le bas par le poids d'invisibles haltères, écrasé par la compression d'on ne sait quel rouleau, il gît, haut placé, mais il gît.

Ainsi chaque matin. C'est lui qui « passe ma nuit ».

*

Cette nuit, ç'a été la nuit des horizons. D'abord un bateau sur la mer surgit. Le temps était mauvais.

Ensuite la mer me fut cachée par un grand boulevard. Telle était sa largeur qu'il se confondait avec l'horizon. Des centaines d'automobiles passaient de front en tenant la gauche comme en Angleterre. Il me parut voir au loin sur la droite, mais ce n'est pas certain, une sorte d'agitation poussiéreuse et lumineuse qui pouvait être le passage d'autos en sens inverse.

Un viaduc traversait la route, et, comme elle, se perdait au loin. La magie qu'il y avait à conduire une auto sur cette route plus semblable à une province était extraordinaire.

Je me trouvai ensuite au pied d'un building. C'était un palais, un palais né d'un esprit royal et non de celui d'un misérable architecte arriviste. Ses centaines d'étages s'élevaient dans le silence parfait, aucun bruit ne venait ni d'en bas ni de l'intérieur, et le haut se perdait dans des vapeurs.

On montait par l'extérieur, par la façade principale, lentement; aucune fenêtre n'était animée d'un visage qui serait venu s'y pencher. Nulle curiosité, nul accueil, personne. Cependant, rien de délaissé. Nous montions lentement vers le balcon royal encore inaperçu. Nous parcourûmes de la sorte bien deux cents étages mais la nuit, l'obscurité, au moment où l'on voyait enfin poindre dans le haut le rebord du balcon royal, se firent trop denses et nous fûmes contraints de redescendre.

*

C'était sur un grand lit qu'était posé ce bébé.
A l'autre bout la mère exsangue, exténuée. Un
chat avait sauté sur le lit et mis la patte en
hésitant sur la figure du marmot. Ensuite, vive-
ment, il donna trois petits coups de patte sur
le nez rose et peu proéminent, qui saigna aus-
sitôt, un sang rouge et bien plus grave que lui.

A l'autre bout du lit sous les couvertures
épaisses la mère, la tête retenue dans le man-
chon de la fatigue, ne sait comment intervenir.
Déjà le marbre fait en elle son froid, son poids,
son poli.

Cependant, le bébé en s'agitant vient de déta-
cher son maillot sous l'œil intéressé du chat.

Comment pourra-t-elle intervenir, paralysée
comme elle est? Certes le chat profita de la
situation, qui dut être bien longue, car le chat
aime méditer. Je ne sais ce qu'il fit exactement,
mais je me souviens que, comme il était occupé
à donner de vifs et allègres coups de griffe sur
la joue de l'enfant, je me souviens que la mère
faute de pouvoir crier, dit dans un souffle déses-
péré et tendu « filain chat » (elle disait fi pour
mettre plus de force), elle souffla ensuite dans
la direction du chat le plus qu'elle put, puis
s'arrêta horrifiée, comprenant, son souffle perdu,
qu'elle venait de jeter sa dernière arme. Le chat
toutefois ne se jeta pas sur elle. Ensuite, je ne
sais ce qu'il fit.

*

A la sortie de la gare, il n'y avait ni ville
ni village, mais simplement une sorte de carré
de terre battue face à la campagne, et aux
terres en jachère. Au milieu de ce carré un
cheval. Un énorme cheval brabançon avec de
grosses touffes de poil aux pieds, et qui semblait
attendre. Sur ses pattes, comme une maison sur
ses quatre murs. Il portait une selle de bois.
Enfin il tourna la tête légèrement, oh! très
légèrement.

Je montai, me retenant à la crinière fournie.
Ce cheval si pesant arriva tout de même à
détacher une patte du sol, puis l'autre, et se mit
en marche lentement, majestueusement, et sem-
blant penser à autre chose.

Mais une fois la petite cour franchie, mis
sans doute en confiance par l'absence de tout
chemin, il s'adonna à sa nature qui était toute
d'allégresse. Il fut évident aussi que les mouve-
ments de ses pattes manquaient absolument de
coordination.

Parfois le cheval pivotant sur lui-même
rebroussait chemin pour suivre un alignement
de cailloux ou sauter par-dessus quelques fleurs,
puis, peut-être gêné par la réputation qu'on eût
pu lui faire d'après cela, il avisait un buisson
bien haut, flairait, inspectait les lieux, s'éloi-
gnait en quelques bonds, revenait à toute allure

et en général butait « pile » sur l'obstacle.
Certes, il aurait pu sauter mais c'était un nerveux.

Après deux heures de pas et de trot, il n'y avait toujours aucune ferme en vue.

Comme la nuit tombait, nous fûmes entourés d'une infinité de petites juments.

UN POINT, C'EST TOUT

L'homme — son être essentiel — n'est qu'un point. C'est ce seul point que la Mort avale. Il doit donc veiller à ne pas être encerclé.

Un jour, en rêve, je fus entouré de quatre chiens, et d'un petit garçon méchant qui les commandait.

Le mal, la difficulté inouïe que j'eus à le frapper, je m'en souviendrai toujours. Quel effort! Sûrement, je touchai des êtres, mais qui? En tout cas, mes adversaires furent défaits au point de disparaître. Je ne me suis pas laissé tromper par leur apparence, croyez-le; eux non plus n'étaient que des points, cinq points, mais très forts.

Autre chose, c'est comme ça que commence l'épilepsie. Les points alors marchent sur vous et vous éliminent. Ils soufflent et vous êtes envahis. De combien de temps peut-on retarder sa première crise, je me le demande.

EN RESPIRANT

Parfois je respire plus fort et tout à coup, ma distraction continuelle aidant, le monde se soulève avec ma poitrine. Peut-être pas l'Afrique, mais de grandes choses.

Le son d'un violoncelle, le bruit d'un orchestre tout entier, le jazz bruyant à côté de moi, sombrent dans un silence de plus en plus profond, profond, étouffé.

Leur légère égratignure collabore (à la façon dont un millionième de millimètre collabore à faire un mètre) à ces ondes de toutes parts qui s'enfantent, qui s'épaulent, qui font le contrefort et l'âme de tout.

NUIT DE NOCES

Si, le jour de vos noces, en rentrant, vous mettez votre femme à tremper la nuit dans un puits, elle est abasourdie. Elle a beau avoir toujours eu une vague inquiétude...

« Tiens, tiens, se dit-elle, c'est donc ça, le mariage. C'est pourquoi on en tenait la pratique si secrète. Je me suis laissé prendre en cette affaire. »

Mais étant vexée, elle ne dit rien. C'est pourquoi vous pourrez l'y plonger longuement et maintes fois, sans causer aucun scandale dans le voisinage.

Si elle n'a pas compris la première fois, elle a peu de chances de comprendre ultérieurement, et vous avez beaucoup de chances de pouvoir continuer sans incident (la bronchite exceptée) si toutefois ça vous intéresse.

Quant à moi, ayant encore plus mal dans le corps des autres que dans le mien, j'ai dû y renoncer rapidement.

CONSEIL AU SUJET DES PINS

Un bruit monotone ne calme pas nécessairement. Une foreuse ne calme personne, sauf peut-être le contremaître. Néanmoins, c'est dans les bruits monotones que vous avez le plus de chance de trouver le calme.

Ce qu'il y a d'agréable dans le bruit du vent soufflant sur une forêt de pins, c'est que ce bruit n'a aucune arête, il est rond. Mais il n'a rien de glauque. (Ou bien calme-t-il parce qu'il nous induit à imaginer un être considérable et débonnaire, incapable de sortir absolument de ses gonds?)

Cependant, il ne faut pas trop regarder la cime des pins secoués par grand vent. Car si l'on venait à s'imaginer assis sur leur faîte, dans un tel balancement, l'on pourrait et bien plus naturellement que se trouvant sur une balançoire ou dans un ascenseur, à cause de ce bizarre et superbe mouvement là-haut, se sentir emporté, et, quoique s'efforçant de ne pas y songer, bien éloigné pour sûr de vouloir méditer ce balancement, on en est sans cesse occupé, on se sent toujours au sommet vacillant d'un pin, on ne peut plus redescendre à terre.

CONSEIL AU SUJET DE LA MER

Il faut faire grande attention aussi à la mer. Les jours de tempête, on a coutume de faire la promenade des falaises. Et quoique la mer soit pleine de menaces, malgré le va-et-vient de ses forces qui semblent grandir à chaque instant, le spectacle est beau et somme toute réconfortant, puisque cette grande excitation et ces énormes paquets d'eau, des paquets à renverser un train, tout ça ne va qu'à vous mouiller un peu.

Cependant, s'il y a une anse, où les violences de la mer sont peut-être moins fortes, mais venant de plusieurs directions se conjuguent en une trouble mêlée, il peut n'être pas bon de regarder, car tandis que la plus grande violence n'avait pas réussi à vous démoraliser, tout au contraire, cette surface sans horizontalité, sans fond, cuve d'eau montante, descendante, hésitante, comme si elle-même souffrait, peinait humainement (ses mouvements sont devenus lents et embarrassés et comme calculés), cette eau vous fait sentir en vous-même l'absence d'une vraie base, qui puisse servir en *tout* cas, et le sol même, suivant la démarche de votre esprit, semble se dérober sous vos pieds.

L'AUTO
DE L'AVENUE DE L'OPÉRA

C'est une erreur de croire, si vous habitez avenue de l'Opéra, qu'il y passe quantité d'autos, erreur que vous ne commettez du reste pas. C'est toujours la même auto qui passe, la même qui débraye, qui accélère, qui klaxonne, qui passe en seconde, qui stoppe net, qui débouche de la rue d'Antin, qui revient par la rue Ventadour. C'est à cause d'elle que nous tous, en ville sombrons dans la neurasthénie. Elle est incertaine, pas encore passée, elle est déjà revenue, elle freine dans une rue latérale, elle repart ici à toute vitesse et déjà elle est la « suivante », qui cherche le même dédale. Jamais satisfaite, toujours précipitée. Impérieuse et monotone, cette vieille fille nous manquait vraiment.

Louis XIV aimait, là où il venait, faire savoir avec éclat qu'il y était. Mais jamais il n'eut vent d'un pareil engin à faire du bruit. La recette manquait. En son temps, le plus snob (et Dieu sait s'il y en avait!) n'aurait pu lui proposer une auto.

LE CIEL DU SPERMATOZOÏDE

Le physique du spermatozoïde de l'homme ressemble étrangement à l'homme, à son caractère, veux-je dire.

Le physique de l'ovule de la femme ressemble étonnamment au caractère de la femme.

L'un et l'autre sont très petits. Le spermatozoïde est très, très long, et véritablement saisi d'une idée fixe. L'ovule exprime l'ennui et l'harmonie à la fois. Son apparence est de presque une sphère.

Tous les spermatozoïdes ne sont pas comme celui de l'homme, tant s'en faut. Celui du crabe et davantage encore celui de l'écrevisse, ressemble à la corolle d'une fleur. Ses bras souples, rayonnants ne semblent pas à la recherche d'une femelle, mais du ciel.

Cependant, étant donné la reproduction régulière des crabes, on suppose bien qu'il en va autrement.

En fait, on ne sait rien du ciel du crabe, quoiqu'à bien des gens, il soit arrivé d'attraper des crabes par les pattes pour mieux les observer. On sait moins encore du ciel du spermatozoïde du crabe.

LE LAC

Si près qu'ils approchent du lac, les hommes n'en deviennent pas pour ça grenouilles ou brochets.

Ils bâtissent leurs villas tout autour, se mettent à l'eau constamment, deviennent nudistes... N'importe. L'eau traîtresse et irrespirable à l'homme, fidèle et nourrissante aux poissons, continue à traiter les hommes en hommes et les poissons en poissons. Et jusqu'à présent aucun sportif ne peut se vanter d'avoir été traité différemment.

LE VENT

Le vent essaie d'écarter les vagues de la mer. Mais les vagues tiennent à la mer, n'est-ce pas évident, et le vent tient à souffler... non, il ne tient pas à souffler, même devenu tempête ou bourrasque il n'y tient pas. Il tend aveuglément, en fou et en maniaque, vers un endroit de parfait calme, de bonace, où il sera enfin tranquille, tranquille.

Comme les vagues de la mer lui sont indifférentes! Qu'elles soient sur la mer ou sur un clocher, ou dans une roue dentée ou sur la lame d'un couteau, peu lui chaut. Il va vers un endroit de quiétude et de paix où il cesse enfin d'être vent.

Mais son cauchemar dure déjà depuis longtemps.

LES PETITS SOUCIS DE CHACUN

Une fourmi ne s'inquiète pas d'un aigle. La fureur, la férocité du tigre n'évoque rien dans son esprit, l'œil féroce de l'aigle ne la fascine pas, pas du tout.

Dans une fourmilière jamais il n'est question d'aigles.

La lumière en petits bonds n'inquiète guère un chien. Cependant un microbe qui voit arriver la lumière, les éléments des rayons un tout petit peu plus petits que lui, mais nombreux, nombreux et durs, pressent avec détresse les battements innombrables qui vont le disloquer, le secouer jusqu'à la mort; même le damné gonocoque qui fait tellement pour compliquer les relations entre hommes et femmes, pris de désespoir abandonne, forcé, sa dure vie.

DESSINS COMMENTÉS

Ayant achevé quelques dessins au crayon et les ayant retrouvés quelques mois après dans un tiroir, je fus surpris comme à un spectacle jamais vu encore, ou plutôt jamais compris, qui se révélait, que voici :

I

Ce sont trois hommes sans doute; le corps de chacun, le corps entier est embarrassé de visages; ces visages s'épaulent et des épaules maladives tendent à la vie cérébrale et sensible.

Jusqu'aux genoux qui cherchent à voir. Et ce n'est pas plaisanterie. Aux dépens de toute stabilité, ils ont médité de se faire bouches, nez, oreilles et surtout de se faire yeux; orbites désespérées prises sur la rotule. (Le complexe de la rotule, comme dit l'autre, le plus complexe de tous.)

Tel est mon dessin, tel il se poursuit.

Un visage assoiffé d'arriver à la surface part

du profond de l'abdomen, envahit la cage tho-
racique, mais à envahir il est déjà plusieurs, il
est multiple et un matelas de têtes est certes
sous-jacent et se révélerait à la percussion,
n'était qu'un dessin ne s'ausculte pas.

Cet amas de têtes forme plus ou moins trois
personnages qui tremblent de perdre leur être;
sur la surface de la peau les yeux braqués
brûlent du désir de connaître; l'anxiété les
dévore de perdre le spectacle pour lequel ils
vinrent au-dehors, à la vie, à la vie.

Ainsi, par dizaines et dizaines apparurent ces
têtes qui sont l'horreur de ces trois corps,
famille scandaleusement cérébrale, prête à tout
pour savoir; même le cou-de-pied veut se faire
une idée du monde et non du sol seulement,
du monde et des problèmes du monde.

Rien ne consentira donc à être taille ou bras :
il faut que tout soit tête, ou alors rien.

Tous ces morceaux forment trois êtres désolés
jusqu'à l'ahurissement qui se soutiennent entre
eux.

2

Comme il regarde! (son cou s'est allongé jus-
qu'à être le tiers de sa personne). Comme il a
peur de regarder! (à l'extrême gauche la tête
s'est déplacée).

Quelques cheveux servent d'antennes et de
véhicule à la peur, et les yeux épouvantés
servent encore d'oreilles.

Tête hagarde régnant difficilement sur deux
ou trois lanières (sont-ce des lanières, des bouts
d'intestin, des nerfs dans leur gaine?).

Soldat inconnu évadé d'on ne sait quelle
guerre, le corps ascétique, résumé à quelques
barbelés.

3

Dentelé et plus encore en îles, grand parasol
de dentelles et de mièvreries, et de toiles arach-
néennes, est son grand corps impalpable.

Que peut bien lui faire, lui dicter, cette petite
tête dure mais vigilante et qui semble dire « je
maintiendrai ».

Que pourrait-elle exiger des volants épars de
ce corps soixante fois plus étendu qu'elle? Rien
qu'à le retenir elle doit avoir un mal immense.

Cette tête en quelque sorte est un poing et
le corps, la maladie. Elle empêche une plus
grande dispersion. Elle doit se contenter de cela.
Rassembler les morceaux serait au-dessus de
sa force.

Mais comme il vogue! Comme il prend l'air,
ce corps semblable à une voile, à des faubourgs,
semblable à tout...

Comme cette flottille de radeaux pulmonaires
s'ébranlerait bien, mais la tête sévère ne le
permet pas.

Elle n'obtient pas que les morceaux se
joignent étroitement et se soudent, mais au
moins qu'ils ne désertent pas.

4

Celui-ci, ce n'est pas trop de trois bras pour
le protéger, trois bras en ligne, l'un bien der-
rière l'autre, et les mains prêtes à écarter tout
intrus.
Car quand on est couché, votre ennemi en
profitera, il faut craindre en effet qu'il ait
grande envie de vous frapper.
Derrière trois bras dressés, le héros de la paix
attend la prochaine offensive.

5

Ici, le poulpe devenu homme avec ses yeux
trop profonds. Chacun s'est annexé séparément
et pour lui tout seul un petit cerveau (la paire
de besicles devenue tête!), mais assurément ils
réfléchissent trop. Ils pensent en grands halos,
en excavations, c'est le danger : la lunette aide
à voir mais non à penser et déblaie la tête
(l'homme) au fur et à mesure, par pelletées.

6

Ce serait bien une flamme, si ce n'était déjà
un cheval, ce serait un bien bon cheval, s'il
n'était en flammes. Il bondit dans l'espace.
Combien loin d'être une croupe est sa croupe

éclatante de panaches ardents, de flammes
impétueuses! Quant à ses pattes elles ont des
ténuités d'antennes d'insectes, mais leurs sabots
sont nets, peut-être un peu trop « pastilles ».
C'est comme ça qu'il est mon cheval, un cheval
que personne ne montera jamais. Et une ban-
derole légère et certainement sensible, dont sa
tête est ceinte, lui donne une finesse presque
féminine, comme s'il se mouchait dans un mou-
choir de dentelles.

Heureusement, heureusement que je l'ai des-
siné. Sans quoi jamais je n'en eusse vu un
pareil. Un tout petit cheval, vous savez, une
vraie idée « cheval ».

Beaucoup plus près des brises que du sol,
beaucoup plus ferme dans la pure atmosphère
malgré ses pattes de devant posées comme deux
crayons. Et il rue vers le ciel, il rue des ruades
de flammes.

7

Il dit quelque chose, ce cheval, à ce cerf. Il
lui dit quelque chose. Il est beaucoup plus
grand que lui. Sa tête le domine de très haut,
une tête qui en dit long ; il a sûrement beau-
coup souffert, de situations humiliantes, depuis
longtemps, dont il est sorti. Ses yeux disent une
sérieuse remontrance. Avez-vous jamais vu des
rides autour et au-dessus des yeux d'un cheval,
droites et remontant jusqu'au sommet du front ?
Non. Pourtant aucun cheval ne ressemble plus

à un cheval que lui. Sans ces rides, il ne s'exprimerait pas avec autant d'autorité. Naturellement ce n'est pas un cheval qu'on puisse voir sous le harnais... quoiqu'il y ait de pires tragédies.

Et là, un peu plus loin, un autre animal accourt. Il s'arrête stop! sur ses pattes, il observe, il essaie de se faire d'abord une idée de la situation, on voit qu'il en prend conscience.

Cependant, le premier ne cessant de s'adresser au cerf, en sa fixité si parlante lui dit : Comment peux-tu? voyons, comment oses-tu? Le cerf fait la bête. D'ailleurs ce n'est qu'un daim, comment ai-je pu me tromper jusqu'à dire que c'était un cerf?

8

Dans un parc de fleurs, de volailles, d'attrape-mouches, de petites collines et de semences huppées prenant leur vol, s'avance le gracieux géant hydrocéphale sur sa patinette. Patinette-voiturette, car on peut s'y asseoir mais point à l'aise; il y a un haut, étroit dossier incliné, en panache, mais bien au-dessus encore de son plus haut appui apparaît, tandis qu'une main longue et ferme tient le guidon, apparaît et plane la majestueuse tête au front débonnaire, œuf intelligent à l'ovale délicieux, étudié en vue des virages ou bien de la croissance des idées en hauteur.

Sur un tout autre plan, quoique près de lui,

court à toute vitesse un clown aux jambes de
laine.

9

Pas seulement des cheveux poussent sur cette
tête, mais une ronde de donzelles. Ou plutôt
elles s'assemblent pour la ronde, et déjà trois
sont en place et s'en vont prendre les autres
par la main. Et tout ça sur quoi? sur la grande
tête rêveuse de la jolie princesse noire aux tout
petits seins, oh toute petite taille; oh toute
petite princesse.

10

Est-ce pour regarder qu'ils sont venus sur
cette page, ces deux-là? Ou pour s'effrayer, pour
être glacés d'épouvante à cet étrange spectacle
qu'ils voient, qu'ils sont seuls à voir?

Et rien pour digérer leur épouvante. Aucun
soutien. Pas de corps. Il n'y aura donc jamais
personne pour avoir un corps ici.

Mais peut-être l'effroi passé, tourneront-ils le
dos au papier, amants silencieux, appuyant l'un
contre l'autre leur maigreur délicate, seuls à
eux deux, de l'autre côté du monde, venus ici
comme un détail du hasard, repartant inaperçus
vers d'autres landes.

ÉTAPES

Autrefois, j'avais mon malheur. Les dieux mauvais me l'ont enlevé. Mais alors ils ont dit : « En compensation, on va lui donner quelque chose. Oui! Oui! Il faut absolument que nous lui donnions quelque chose. »

Et moi-même, d'abord, je ne vis que ce quelque chose et j'étais presque content. Cependant ils m'avaient enlevé mon malheur.

Et comme si ça ne suffisait pas, ils me donnèrent un balancier. Or moi qui avais fait tant de faux pas, je fus content; dans mon innocence, je fus content. Le balancier était commode, mais sauter devint impossible.

Et comme si ça ne suffisait pas, ils m'enlevèrent mon marteau et mes outils. Le marteau fut remplacé par un autre plus léger, et celui-ci par un autre encore plus léger, et ainsi de suite successivement, et mes outils disparurent l'un après l'autre, jusqu'aux clous! Quand je songe à la façon dont ça s'est fait, encore maintenant j'en reste bouche bée.

Ils m'ont enlevé ensuite mes chiffons, mes bouteilles cassées, tous les débris.

Alors, comme si ça ne suffisait pas, ils m'ont enlevé mon aigle. Cet aigle avait coutume de se percher sur un vieil arbre mort. Or ils l'arrachèrent pour planter des arbres vivants et vigoureux. L'aigle ne revint pas.

Et ils prirent encore mes éclairs.

Ils m'ont arraché mes ongles et mes dents.

Ils m'ont donné un œuf à couver.

BONHEUR BÊTE

Quand donc pourrai-je parler de mon bonheur ?

Il n'y a dans mon bonheur aucune paille, aucune trace, aucun sable.

Il ne se compare pas à mon malheur (autrefois, paraît-il dans le Passé, quand?).

Il n'a pas de limite, il n'a pas de..., pas de. Il ne va nulle part. Il n'est pas à l'ancre, il est tellement sûr qu'il me désespère. Il m'enlève tout élan, il ne me laisse ni la vue, ni l'oreille, et plus il... et moins je...

Il n'a pas de limites, il n'a pas de..., pas de.

Et pourtant ce n'est qu'une petite chose. Mon malheur était beaucoup plus considérable, il avait des propriétés, il avait des souvenirs, des excroissances, du lest.

C'était moi.

Mais ce bonheur! Probablement, oh oui, avec le temps il se fera une personnalité, mais le temps, il ne l'aura pas. Le malheur va revenir. Son grand essieu ne peut être bien loin. Il approche.

VERS LA SÉRÉNITÉ

Le Royaume de Cendre.

Au-dessus des joies, comme au-dessus des affres, au-dessus des désirs et des épanchements, gît une étendue immense de cendre.

De ce pays de cendre, vous apercevez le long cortège des amants qui recherchent les amantes et le long cortège des amantes qui recherchent les amants, et un désir, une telle prescience de joies uniques se lit en eux qu'on voit qu'ils ont raison, que c'est évident, que c'est parmi eux qu'il faut vivre.

Mais qui se trouve au royaume de cendre plus de chemin ne trouve. Il voit, il entend. Plus de chemin ne trouve que le chemin de l'éternel regret.

Le Plateau du fin sourire.

Au-dessus de ce royaume élevé, mais misérable, gît le royaume élu, le royaume du doux pelage.

Si quelque éminence, quelque pointe appa-
raît, cela ne saurait durer; à peine sorties, elles
disparaissent dans de petits plis, les plis dans
un frisson et tout redevient lisse.

« Quand la vague qui emporte, rencontre ses
petites amies, les vagues qui rapportent, il se
fait entre elles un grand bruissement, un bruis-
sement d'abord, puis peu à peu c'est du silence
et l'on n'en rencontre plus aucune. »

    Oh! Pays aux dalles tièdes!
    Oh! Plateau du fin sourire!

DÉCHÉANCE

Mon royaume perdu.

J'avais autrefois un royaume tellement grand qu'il faisait le tour presque complet de la Terre.
Il me gênait. Je voulus le réduire.
J'y parvins.
Maintenant ce n'est plus qu'un lopin de terre, un tout petit lopin sur une tête d'aiguille.
Quand je l'aperçois, je me gratte avec.
Et c'était autrefois un agglomérat de formidables pays, un Royaume superbe.

L'affront.

Autrefois je pondis un œuf d'où sortit la Chine (et le Tibet aussi, mais plus tard). C'est assez dire que je pondais gros.
Mais maintenant, quand une fourmi rencontre un œuf à moi, elle le range aussitôt parmi les siens. De bonne foi, elle les confond ensemble.
Et moi j'assiste à ce spectacle la rage au cœur.

Car comment lui expliquer le cas, sans étaler toute ma honte, et même ainsi?...

« Au lieu de venir chicaner une pauvre fourmi », dirait-elle, mortifiée...

Naturellement! Et j'avale l'affront en silence.

Le caveau.

Je possède un caveau.

Un caveau, c'est sa forme, un hangar pour dirigeables, c'est sa taille.

Là sont mes lingots, mes joyaux, mes obus.

Il a balcon sur un puits, creusé jusqu'on ne sait où.

Tout cela était autrefois une richesse inépuisable.

Or hier, ayant fait sortir la moitié des explosifs, les ayant fait sauter à peu de distance, je n'entendis même pas le bruit, couvert qu'il était par celui d'un grillon qui, posé sur un brin d'herbe, agitait ses élytres.

Avec les lingots, je voulus payer royalement les ouvriers; le partage fait, chacun ne trouva qu'un peu de poussière dans le creux de sa main.

Et c'étaient autrefois des rangs de richesses inépuisables.

SOUS LE PHARE OBSÉDANT
DE LA PEUR

Ce n'est encore qu'un petit halo, personne ne le voit, mais lui, il sait que de là viendra l'incendie, un incendie immense va venir, et lui, en plein cœur de ça, il faudra qu'il se débrouille, qu'il continue à vivre comme auparavant (Comment ça va-t-il? Ça va et vous-même?), ravagé par le feu consciencieux et dévorateur.

*

Il est devant lui un tigre immobile. Il n'est pas pressé. Il a tout son temps. Il a ici son affaire. Il est inébranlable.

*

...et la peur n'excepte personne.
Quand un poisson des grandes profondeurs,

devenu fou, nage anxieusement vers les poissons
de sa famille à six cents mètres de fond, les
heurte, les réveille, les aborde l'un après l'autre :

« Tu n'entends pas de l'eau qui coule, toi? »

« Et ici on n'entend rien? »

« Vous n'entendez pas quelque chose qui fait
« tche », non, plus doux : tchii, tchii? »

« Faites attention, ne remuez pas, on va l'en-
tendre de nouveau. »

Oh Peur, Maître atroce!

Le loup a peur du violon. L'éléphant a peur
des souris, des porcs, des pétards. Et l'agouti
tremble en dormant.

LE VILLAGE DE FOUS

Autrefois si gai, maintenant un village désert.
Un homme sous un auvent attendait la fin de
la pluie, or il gelait ferme, il n'y avait aucune
apparence de pluie avant longtemps.

Un cultivateur cherchait son cheval parmi
les œufs. On venait de le lui voler. C'était jour
de marché. Innombrables étaient les œufs dans
d'innombrables paniers. Certes, le voleur avait
pensé de la sorte décourager les poursuivants.

Dans une chambre de la maison blanche,
un homme entraînait sa femme vers le lit.

— Veux-tu! lui dit-elle. S'il se trouvait que
je fusse ton père!

— Tu ne peux être mon père, répondit-il,
puisque tu es femme, et puis nul homme n'a
deux pères.

— Tu vois, toi aussi tu es inquiet.

Il sortit accablé; un monsieur en habit le
croisa et dit : « Aujourd'hui, il n'y a plus de
reines. Inutile d'insister, il n'y en a plus. » Et
il s'éloigna avec des menaces.

LA VIE DE L'ARAIGNÉE ROYALE

L'araignée royale détruit son entourage, par digestion. Et quelle digestion se préoccupe de l'histoire et des relations personnelles du digéré? Quelle digestion prétend garder tout ça sur des tablettes?

La digestion prend du digéré des vertus que celui-là même ignorait et tellement essentielles pourtant qu'après, celui-ci n'est plus que puanteur, des cordes de puanteur qu'il faut alors cacher vivement sous la terre.

Bien souvent elle approche en amie. Elle n'est que douceur, tendresse, désir de communiquer, mais si inapaisable est son ardeur, son immense bouche désire tellement ausculter les poitrines d'autrui (et sa langue aussi est toujours inquiète et avide), il faut bien pour finir qu'elle déglutisse.

Que d'étrangers déjà furent engloutis!

Cependant, l'araignée ensuite se désespère. Ses bras ne trouvent plus rien à étreindre. Elle s'en va donc vers une nouvelle victime et plus l'autre se débat, plus elle s'attache à le connaître.

Petit à petit elle l'introduit en elle et le confronte
avec ce qu'elle a de plus cher et de plus impor-
tant, et nul doute qu'il ne jaillisse de cette
confrontation une lumière unique.

Cependant, le confronté s'abîme dans une
nature infiniment mouvante et l'union s'achève
aveuglément.

EMME ET SON PARASITE

Il ne s'agit plus de faire le fier, à présent.
Emme a un parasite qui ne le lâche plus.

C'est venu comme il se baignait dans le fleuve.

Il venait d'enlever son caleçon de bain dans
l'eau. Il nageait. C'est alors que la bête se heurta
contre son ventre. Elle s'y accrocha par les
dents.

Il semble qu'elle eût mieux trouvé ailleurs
ce qu'il lui fallait. N'importe. Là où elle tomba,
elle resta.

Emme sortit du bain honteux et regagna sa
maison en robe de· chambre.

Il s'étendit sur son lit et regarda la chose.

La tête avait disparu dans la chair. C'était
une petite bête encore plus peureuse qu'avide,
un souffle la faisait frémir, sa succion tirait
alors tout d'un coup comme une corde qu'on
rappelle. Elle ressemblait à une marmotte; une
marmotte vit facilement cinq ans.

Emme voyait sa vie s'allonger devant lui.
Elle perdait toutes ses branches; elle devenait
comme un ver de terre, nue et molle.

Le soleil entra par la fenêtre, la journée
commençait à peine.

EMME ET LE VIEUX MÉDECIN

Revenant des Indes avec une jambe gonflée d'où le pus sortait de toutes parts, Emme fit un détour pour aller consulter un vieux médecin qui habitait la Forêt Noire, et lui montra sa jambe et le pus.

— Oh, fit celui-ci, quelques microbes vieux et usés peut-être qui restent encore... Quelques vieux microbes usés...

Comme le jeune homme s'inquiétait pour l'os de sa jambe que les microbes allaient détruire :

— Non, je ne pense pas, fit le médecin, je les vois plutôt embarrassés. Leur bon temps est fini, croyez-moi, et il le congédia avec un sourire paisible.

L'AGE HÉROÏQUE

Le Géant Barabo, en jouant, arracha l'oreille de son frère Poumapi.

Poumapi ne dit rien, mais comme par distraction il serra le nez de Barabo et le nez fut emporté.

Barabo en réponse se baissa, rompit les orteils de Poumapi et après avoir d'abord feint de vouloir jongler avec, les fit disparaître prestement derrière son dos.

Poumapi fut surpris. Mais il était trop fin joueur pour en rien marquer. Il fit au contraire celui que quelques orteils de moins ne privent pas.

Cependant, par esprit de riposte, il faucha une fesse de Barabo.

Barabo, on peut le croire, tenait à ses fesses, à l'une comme à l'autre. Cependant il dissimula son sentiment et reprenant tout de suite la lutte, arracha avec une grande cruauté unie à une grande force la mâchoire inférieure de Poumapi.

Poumapi fut désagréablement surpris. Mais il

n'y avait rien à dire. Le coup était franc, il avait été exécuté en face, sans tricherie aucune.

Poumapi essaya même de sourire, ce fut dur, oh! ce fut dur.

L'extérieur ne s'y prêtait pas, l'intérieur non plus. Il ne s'attarda donc pas à cet effort, mais suivant son idée, il reprit la lutte, visa le nombril, défonça l'abdomen, et par le trou entreprit d'introduire le pied même de Barabo, qu'il parvint à tordre d'abord puis à immobiliser dans la plaie comme une borne.

Barabo se trouva surpris.

Son équilibre sur une seule jambe sans orteils laissait bien à désirer. Mais il n'en témoigna rien, fit celui qui est à l'aise, qui a des appuis partout, et attendit.

A ce moment Poumapi, qui avait presque gagné, commit une grande faute. Il s'approcha.

Alors, comme une flèche, Barabo plongea, fut sur lui, lui démit un bras, s'accrocha à l'autre, le démit pareillement, et s'effondra d'une chute si savante sur le malchanceux Poumapi qu'il lui brisa les deux jambes.

Couchés corps à corps, pareillement exténués, et accablés de souffrance, Poumapi et Barabo essayaient vainement de s'étrangler.

Le pouce de Poumapi était bien appliqué au cou, mais les forces pour serrer efficacement lui manquaient.

Les mains de Barabo étaient encore assez nerveuses, mais la prise était mauvaise, il serrait inutilement le cou de Poumapi.

Devant ce comble de circonstances adverses

le cœur des deux frères faillit, ils se regardèrent quelques instants avec une grandissante indifférence puis, se retournant chacun de leur côté, s'évanouirent.

La lutte était terminée, du moins pour aujourd'hui.

L'ÉTHER

INTRODUCTION

L'homme a un besoin méconnu. Il a besoin de faiblesse. C'est pourquoi la continence, maladie de l'excès de force, lui est spécialement intolérable.

D'une façon ou d'une autre, il lui faut être vaincu. Chacun a un Christ qui veille en soi.

Au faîte de lui-même, au sommet de sa forme, l'homme cherche à être culbuté. N'y tenant plus, il part pour la guerre et la Mort le soulage enfin.

C'est une illusion de croire qu'un homme disposant d'une grande force sexuelle, lui, au moins, aura le sentiment et le goût de la force. Hélas, plus vivement encore qu'un autre pressé de se débarrasser de ses forces, comme s'il était en danger d'être asphyxié par elles, il s'entoure de femmes, attendant d'elles la délivrance. En fait, il ne rêve que de dégringoler dans la faiblesse la plus entière, et de s'y exonérer de ses dernières forces et en quelque sorte de lui-même, tant il éprouve que s'il lui reste de la personnalité, c'est encore de la force dont il doit être soulagé.

Or, s'il est bien probable qu'il rencontre l'amour, il est moins probable que l'ayant expérimenté, il quitte jamais ce palier pour bien longtemps. Il arrive cependant à l'un ou l'autre de vouloir perdre davantage son Je, d'aspirer à se dépouiller, à grelotter dans le vide (ou le tout). En vérité, l'homme s'embarque sur beaucoup de navires, mais c'est là qu'il veut aller.

S'il s'obstine dans la continence, comment se défaire de ses forces et obtenir le calme?

Excédé, il recourt à l'éther.

Symbole et raccourci du départ et de l'annihilation souhaités.

Là, en trois secondes, ses forces, il n'en est plus question. Et, chaque seconde il descend encore, pour atterrir à un palier incommensurablement plus bas que celui de la seconde précédente. En moins d'une demi-minute l'effondrement des réserves est total.

Couché au fond d'un silo instantanément creusé à des kilomètres de profondeur dans l'écorce terrestre, il gît seul dans son tombeau profond. Là, eau battante, enfin délivré d'être le maître, le centre de commandement, l'état-major ou le subalterne, il n'est plus que la victime bruissante et répercutante. Il cesse aussi de patrouiller. Des pensées en écho déferlent en lui. Mais même à ces échos il ne peut faire face. S'il a froid, il pense aussitôt qu'il pense avoir froid, puis il se voit penser qu'il pense qu'il a froid; à peine s'est-il émerveillé de se voir penser toute cette série qu'aussitôt il se voit s'en émerveiller, puis assiste au spectacle de se voir s'émerveiller de voir qu'il pense qu'il se voit penser qu'il a froid et ainsi toujours en

retraite, jamais plus lui, mais derrière lui, à
s'observer, il peut enfin se croire perdu. Mais
se fractionnant à ce jeu de miroir auquel elle
est si inhabituée, sa volonté rompue qui ne
tient plus le coup, doit céder encore, encore,
encore, laisser éclater sa maîtrise, et se ranger
à n'être plus qu'un témoin, un témoin de
témoin, écho sans cesse reculé d'une scène
tenant en quelques secondes, qui s'éloigne à
une vitesse foudroyante.

La fatigue de longues journées de travail sans
sommeil s'étend dans cette courte minute. L'es-
pace et le temps se croisent d'une façon nou-
velle. Plus homme ni femme, il n'est qu'un lieu.
Ce lieu toutefois appréhende les bruits du dehors
qui entrent dans le vide intérieur, amples et
solennels. Mais l'esprit saisissant cette situation
la livre immédiatement à son carambolage
extra-rapide, et la course au recul reprend. S'il
fait alors le projet d'expérimenter certains
bruits, la prochaine fois qu'il prendra de l'éther,
lui-même aussitôt en quelque sorte derrière son
dos, de prendre note de cette idée de projet,
d'enregistrer qu'il prend note du projet, de
s'étonner de ce projet envisagé, de se prendre
sur le fait de s'étonner de prendre note du pro-
jet, de se voir se voir ironiser sur le fait de
s'arrêter pour voir qu'il se voit occupé à s'éton-
ner de l'étonnement qu'il y a à former un
projet dans ce moment. La série des retraites,
des replis des postes d'observation de la pensée
première est telle que, quoique représentant
l'avenir par son contenu, et, en son passage

loin d'être du passé, au contraire merveilleuse-
ment et presque excessivement actuelle, à en
perdre la respiration, elle est loin d'être une
compagne comme sont les pensées en général.

Ici aucune possession, tous les nœuds se
défont, tous les poings se desserrent. Enfin
dégrisé de la vie, il gît au fond d'on ne sait
quoi.

Cependant, le lendemain il se sent un peu
étrange. Sans même qu'on le heurte, il cède
facilement le trottoir. Il a l'impression que sa
garde l'a quitté, et son bouclier. (On a donc tout
ça pour se protéger!) Il se sent seul, sorti de sa
gaine, comme un ver, un bernard-l'hermite hors
de sa carapace, se disant, un peu honteux :
« Aujourd'hui, je ne serai pas courageux. Rien
à faire, quoiqu'il arrive, je ne pourrai pas être
courageux. »

Cet état de manque de courage devrait, à la
réflexion, le porter à un proche découragement;
s'il y avait une pente en lui, il roulerait, mais
même au découragement il n'offre pas de pente.
Il est horizontal, peu accessible aux perturba-
tions.

Il ne faudrait pas que dans son embarras, il
aille s'adresser à la caféine.

Développant en trombe immédiatement l'ap-
pétit sentimental, le besoin de l' « Autre », l'in-
trouvable Autre, vous enfonçant avec sûreté et
pour longtemps un cactus dans le cœur, la dan-
gereuse caféine vous jettera de tremplin en
tremplin si au-delà de vous-même, suppliant
d'amour, que la femme la plus idéalement roman-

tique aurait encore tellement à faire pour être à votre diapason que, étant le monde comme il est, vous êtes parfaitement sûr de rester seul dans ce moment où vous brûlez tellement de ne plus l'être.

Ce ne sont que quelques mots sur la caféine. Que celui à qui elle convient en parle davantage.

S'il était facile, une fois parti, de rebrousser chemin, soit; mais tant s'en faut qu'on puisse rattraper la laine dévidée. Il faut récupérer au loin le fils prodigue parti pour le cercle enchanté et qui revient lourdement portant la croix.

Comme on ne peut rien faire que de façon apparemment désordonnée, pour avoir à remplir les postes de quantité de tableaux, bien plus nombreux que les quelques-uns qu'on s'était proposé de remplir et dont on avait résumé l'état, indûment, en quelques mots sauteurs de difficultés, celui donc qui voulait s'en tenir strictement à l'éther dont il veut observer le théâtre en soi, laisse venir dans sa chambre une femme. Tant pis.

Sans doute, il est entendu qu'elle vient pour l'éther. Mais, plus dense que le désir de l'éther pour lequel elle est venue, l'amour assoupi et plus lourd et plus épais quand il est resté longtemps endormi, lové sur lui-même, l'amour envahit l'atmosphère et réclame sa part. Ainsi s'établit le « cercle » après des années pendant lesquelles il les menaçait, les couvait d'avance.

A présent, ils sont unis l'un à l'autre.

Mais pourquoi ne pas faire l'essai de l'éther ensemble? Peut-être espère-t-il secrètement (il a

tant soif de l'immense) que l'éther les séparera,
le jettera lui tout seul dans l'immense bouche
du vide, au-delà de toute possible critique, où
l'on se perd, ami ou ennemi, vide, grand autrui
à qui on peut se rendre sans lâcheté, sans honte.

Le tampon d'ouate est préparé, l'odeur sort
du flacon débouché, sort en odeur d'éther pour
elle, mais pour lui sort en couteaux tranchants,
qui vont le retrancher de l'existence. Il lui
donne le tampon humide. Elle s'agite long-
temps. Comme c'est bizarre de prendre l'éther
ainsi! Peut-être s'imagine-t-elle que l'éther doit
la rendre amoureuse. Il la regarde avec éton-
nement. Mais enfin l'éther établit sa domina-
tion. Il prend l'éther à son tour. Il est vite
emporté.

Nus, l'un contre l'autre, intrinsèquement nus,
dépouillés même de leurs corps nus; excessive-
ment importants et royaux.

Comme le monde s'éloigne, s'éloigne!

Ils s'installent dans une sorte de cave, de
puits froid, hors de portée de toute investiga-
tion étrangère.

Le crâne de l'un tremble, le crâne de l'autre
tremble, et chacun pense et sait que le crâne
de l'autre tremble. Cette fois ils sont bien seuls.
Ils s'en rendent compte de façon inouïe qu'ils
sont seuls, eux deux, eux seuls capables de se
comprendre, unis, malgré leur nature si diffé-
rente, par une identité crachée (poignante, stu-
péfiante similitude obtenue en quelques instants
plus réels que toute leur vie), unis malgré de
nombreuses années conduites de façon prodi-

gieusement diverse et divergente, que rien ne
pouvait, semble-t-il, faire aller de conserve, mais
le miracle est là : le même traîneau les emporte
dans le même monde perdu.

Malgré son amour avoué si volontiers, il y a
une heure à peine, elle-même est stupéfaite;
mais stupéfaite d'être si absolument, singuliè-
rement, ineffablement avec lui. « Eux seuls au
monde. » C'est pourtant cela même qu'elle avait
dit désirer auparavant dans son langage pas-
sionné qui en voulait dire bien davantage. Main-
tenant recueillie, respectueuse, elle assiste, elle
se trouve à l'insigne rendez-vous.

Les bruits des taxis qui s'éloignent dans la
nuit sont des bruits qu'on entendrait toujours...

Les bruits des taxis dans la nuit s'affirment
avec solennité et repartent à toute allure dans
la nuit...

Le petit réveil sur la table de nuit proclame
avec emphase le départ des secondes, l'arrivée
des secondes.

Sans démenti, elles battent à l'horloge de la
cathédrale de ma chambre.

Tels sont les bruits dans la nuit de l'éther
magnifique, jamais hésitants, toujours profon-
dément nobles.

Et telles sont les voix.

Quand elle dit : « Comme on est loin de tout! »,
sa parole résonne avec une étrange valeur. Une
voix qui a pris l'affirmation de la trompette,
qui a l'air de parler seule dans un immense
théâtre, sur une grande scène, devant une
énorme salle. Comme elle est ample! On en

écoute l'écho, ensuite une sorte de brume l'emporte, enfin elle disparaît.

L'autre alors répond : « C'est vrai, comme on est loin! » Et ces phrases si chargées de sens, et que chacun sait si bien être chargées de sens et uniquement pour eux, ces phrases une fois entendues, puis disparues, quand il y réfléchit (ce qu'elle fait sans doute aussi) prennent une allure si troublante d'opérette, opérette aux couplets aguicheurs sincères et idiots, tremplins de la médiocrité, parodie inouïe de l'insignifiance des conversations d'amants.

Tous deux remarquent cette prodigieuse amplification de la voix, leurs répliques continuent à monter solennelles, quoique tout aussi banales, et leur stupéfaction fraternelle grandit. L'un dit une chose, l'autre allait justement dire la même chose et répète cette même chose. Il semble qu'il était impossible de parler autrement. On est strictement jumeaux. Se distinguer, on n'y songe plus. Identité! Identité!

Si on faisait pour l'éther le dixième de la réclame qu'on fait à l'amour, le monde entier bientôt s'y adonnerait. C'est ce qu'on se figure, la première fois. Erreur cependant. Ce qui compte en tout c'est la virginité. Qui ne connaît ces morphinomanes invétérés, aux traits fripés, vieilles maquerelles de la drogue, à l'orgueil invétéré, qui n'offrent plus à la drogue qu'une carcasse endormie, comme des grues qui ne savent plus rien de l'amour.

La première fois qu'on offre sa santé, sa force,

son âme ignorante à l'amour ou à l'éther, quelle résonance profonde, mystérieuse! Cela seul compte, cette rencontre...

Quand un être faible succombe, qui s'en aperçoit? Mais, quand un être fort succombe, le spectacle est inouï. Ce qui arrive la première fois qu'on prend de l'éther.

Mais petit à petit, quoique la jouissance doive être presque la même, on la circonscrit de plus en plus étroitement grâce à son sens critique grandissant, perdant de la sorte, à faire le malin, le profit des grandes ondulations de l'être.

On en arrive de la sorte à n'accorder de valeur qu'aux quelques secousses de la jouissance, à les isoler comme résistant à la critique, mais tout le reste on y intervient. Si déjà l'amour paraît désespérément le même, le fît-on avec des femmes de toutes les races du monde, l'éther où l'on ne rencontre que le vide est décourageant.

La résistance dans le cerveau une fois installée, mieux vaut dire « adieu » à l'éther.

Qu'est-ce que le cerveau ne tue pas? On se le demande vraiment.

Mais ne nous impatientons pas. Laissons passer une semaine ou deux. Qui sait? Cette magie unique n'a pas pu se changer déjà en vieil habit. Et en effet, le délai passé, on le retrouve avec son air spécial et de nulle part.

J'ai fait une expérience. La voici : comme ce sont les bruits qui ont la plus grande importance dans l'ivresse éthérée (les gestes un peu

aussi; au fort de l'ivresse si vous faites de la
lumière, et que vous promeniez les regards au-
tour de vous dans la chambre ou sur les images
d'une revue illustrée tout est sensiblement pa-
reil, on y prend un intérêt à peine moindre; il
faut éteindre pour que la révélation de l'éther
s'accomplisse), je préparai quelques disques, en
mis un sur le phonographe, pris de l'éther et
éteignis. Le disque reproduisait la voix de Ma-
rianne Oswald chantant une chanson moderne,
Sourabaya Johnny. D'abord rien de changé. J'as-
pirai davantage. Et tout à coup sa voix *entra*
dans la chambre, exprimant enfin pour de bon
la vérité de son amour malheureux et qui en
valait la peine, qui s'adressait à moi, que je
devais comprendre. Le morceau suivit son dé-
veloppement sans se presser, avec un accent
extraordinaire. Quoique ce disque d'un petit
format ne soit pas bien long, il mit un temps
considérable à se laisser parcourir en entier par
l'aiguille, temps qui me permit de passer par
divers états.

Je repris de l'éther et m'apprêtai à entendre
un disque de M. de Falla. Ce n'était pas bien
choisi sans doute, car ce morceau n'est pas
bien émouvant, mais j'ai peu de disques de
musique européenne. Tout un temps s'écoula,
me sembla-t-il, son mouvement me parut nor-
mal, un peu vif même pour l'état d'esprit où
je me trouvais. J'aspirai violemment l'éther et
alors la jouissance éthérée se produisit analogue
à la jouissance amoureuse, pour ce qui est
des saccades en escalier qui durent quelques

secondes. Dans ces moments la musique pour-
tant vive paraissait à l'ancre, comme si tous
les musiciens, les yeux sur le chef d'orchestre,
attendaient pour reprendre à la vitesse normale
que le monsieur prenant de l'éther revînt à son
état ordinaire.

Ces secousses [1] eurent lieu distinctement
quatre fois et en tourbillons plus de douze
fois, à me faire trembler le crâne, en le forant,
peut-être même plus de douze fois, c'est-à-dire,
comme on voit, sensiblement plus qu'on ne
peut en espérer de l'amour, et sans une fatigue,
le lendemain, qui y corresponde.

Dans le disque suivant, un disque chinois,
les secousses furent pareilles, obligeant cette
musique qui m'est toujours si proche à faire
halte près de moi jusqu'à ce que je sois « remis ».

Les lendemains de l'éther sont bien étranges.
On sort dans la rue et ce n'est pas la nourriture
qui vous soutient, même si vous venez d'en
prendre, mais plutôt le printemps, un printemps
général ressuscité pour vous, hors de saison. La
figure lavée à la fraîcheur de je ne sais quel
torrent glacé. Une sorte de virginité étonnée
se lit, dans vos yeux surtout (et pourtant ça
provient de l'ouïe). C'est comme si on entendait
pour la première fois de sa vie. L'occiput ne
s'est pas encore rempli. On voit avec étonne-
ment et naïveté et sans y intervenir le moins
du monde mentalement, ce monde agité et
exorbitant, sa dureté, sa résistance, son manque

---

1. Quant à leur intensité, qu'il suffise de savoir que
l'orgasme vénérien y passe inaperçu.

de flexibilité, ces kilos et tonnes en mouvement.
Avec un air vraisemblablement angélique on
songe avec nostalgie à la patrie qu'on vient
de quitter, à sa noble pauvreté, à ses immenses
espaces sans rien d'autre que quelques bruits
communs, vedettes extraordinaires.

Mais enfin quelques arcades se reforment en
soi, la tête se remplit et sous-tend intérieure-
ment de pensées et d'une autre force plus magné-
tique, le spectacle de ce monde; vous voilà
relancé, « remis en selle ».

L'éther et l'amour sont deux tentations et
deux attentats de l'homme contre le temps.
Le temps est chassé durant les saccades de la
jouissance. La série précédente est coupée, on
peut donc recommencer à compter à partir de [1].

L'homme ne supporte pas le Temps. Heureu-
sement il n'a pas, toute sa vie, à supporter sa
vie. Ce serait intolérable. Il vit à la journée,
ou bien il vit une double journée ou une triple,
une quadruple, mais alors excédé, distendu à
l'excès par cette centaine d'heures où les impres-
sions s'accumulent et se groupent sans jamais
s'enfoncer pour de bon, il aspire furieusement
à jeter sa vie dans une voie de garage, à une
catastrophe au besoin. Dans ces moments un
boxeur qui le mettrait knock-out lui ferait du
bien.

C'est pourquoi il rompt sa continence; ne
pouvant supporter le Temps.

Combien plus développé et à la suite est le

temps pour qui n'a pas à manger. Après les quelques crampes du premier jour, parfois du deuxième aussi (maigre distraction), il ne vient plus que du *temps*. Interminable journée!

Le lendemain recommence la même journée, le surlendemain la même encore, le jour d'après l'interminable journée se poursuit. Les forces décroissantes, de plus en plus détachées de tout, ne subsistent que pour se vouer bien malgré elles au cauchemar de la contemplation de l'écoulement lent du Temps.

Avec si peu de conviction qu'on reprenne l'usage de l'éther, le cœur sec désespérément et l'esprit tourné à la critique, il y a un moment qui triomphe de l'attention : celui de la jouissance en cascade. C'est la culbute. Si souvent qu'on refasse l'expérience, ce sera toujours la culbute. Toujours ces idées à la mitrailleuse, en écho, dépassent l'attente[1]. Jamais on n'y est préparé. Cette trémulation de l'esprit reste entièrement « l'aventure ».

Les personnes sur le point de se noyer présentent cette rapidité de la pensée qui leur fait parcourir d'immenses panoramas, presque leur vie entière.

On ne peut songer sans effroi au cas d'un

[1]. De toutes les activités de l'esprit à l'état normal, une particulièrement rappelle ce phénomène. C'est l'activité d'esprit des scrupuleux livrés à leurs scrupules. Pensées-écho, auto-critique de l'auto-critique, esprit constamment en marche à reculons, à se traquer lui-même.

homme qui se serait noyé sept fois, et autant
de fois aurait été sauvé. Avec une sorte de ter-
reur, il remarquerait cette éternelle nouveauté
de l'agonie, cette soudaine accélération à quoi
on n'est jamais préparé. Chaque fois, il pren-
drait des résolutions pour le cas où il reviendrait
à la vie; chaque fois, il remarquerait qu'il
n'est pas en règle et sept fois, agoniserait sans
la huitième fois agoniser convenablement. Cette
impression qu'on a dans la jouissance éthérée
est la plus aiguë, la plus constante, la plus
inquiétante (pour ne pas dire qu'elle dégoûte
de tout).

CONTRE !

Je vous construirai une ville avec des loques,
   moi!
Je vous construirai sans plan et sans ciment
Un édifice que vous ne détruirez pas,
Et qu'une espèce d'évidence écumante
Soutiendra et gonflera, qui viendra vous braire
   au nez,
Et au nez gelé de tous vos Parthénon, vos arts
   arabes, et de vos Mings.

Avec de la fumée, avec de la dilution de brouil-
   lard
Et du son de peau de tambour,
Je vous assoierai des forteresses écrasantes et
   superbes,
Des forteresses faites exclusivement de remous
   et de secousses,
Contre lesquelles votre ordre multimillénaire et
   votre géométrie
Tomberont en fadaises et galimatias et pous-
   sière de sable sans raison.

Glas! Glas! Glas sur vous tous, néant sur les
    vivants!
Oui, je crois en Dieu! Certes, il n'en sait rien!
Foi, semelle inusable pour qui n'avance pas.
Oh monde, monde étranglé, ventre froid!
Même pas symbole, mais néant, je contre, je
    contre,
Je contre et te gave de chiens crevés.
En tonnes, vous m'entendez, en tonnes, je vous
    arracherai ce que vous m'avez refusé en
    grammes.

Le venin du serpent est son fidèle compagnon,
Fidèle et il l'estime à sa juste valeur.
Frères, mes frères damnés, suivez-moi avec
    confiance.
Les dents du loup ne lâchent pas le loup.
C'est la chair du mouton qui lâche.

Dans le noir nous verrons clair, mes frères.
Dans le labyrinthe nous trouverons la voie
    droite.
Carcasse, où est ta place ici, gêneuse, pisseuse,
    pot cassé?
Poulie gémissante, comme tu vas sentir les cor-
    dages tendus des quatre mondes!
Comme je vais t'écarteler!

1933

NOUS AUTRES

Dans notre vie, rien n'a jamais été droit.
Droit comme pour nous.
Dans notre vie, rien ne s'est consommé à fond.
A fond comme pour nous.
Le triomphe, le parachèvement,
Non, non, ça n'est pas pour nous.

Mais prendre le vide dans ses mains,
Chasser le lièvre, rencontrer l'ours.
Courageusement frapper l'ours, toucher le rhi-
    nocéros.
Être dépouillé de tout, mis à suer son propre
    cœur.
Rejeté au désert, obligé d'y refaire son cheptel,
Un os par-ci, une dent par-là, plus loin une corne.
Ça, c'est pour nous.

Dire que les sept vaches grasses naissent en ce
    moment.
Elles naissent, mais ce n'est pas nous qui les
    trairons.
Les quatre chevaux ailés viennent de naître.

Ils sont nés. Ils ne rêvent que de voler.
On a peine à les retenir. Ça ira presque aux astres,
    ces bêtes-là.
Mais ce n'est pas nous qui y serons portés.
Pour nous les chemins de taupe, de courtilière.
De plus, nous sommes arrivés aux portes de la
    Ville.
De la Ville-qui-compte.
Nous y sommes, il n'y a pas de doute. C'est elle.
    C'est bien elle.
Ce que nous avons souffert pour arriver... et pour
    partir.
Se désenlacer lentement, en fraude, des bras de
    l'arrière...

Mais ce n'est pas nous qui entrerons.
Ce sont de jeunes *m'as-tu-vu*, tout verts, tout
    fiers qui entreront.
Mais nous, nous n'entrerons pas.
Nous n'irons pas plus loin. Stop! Pas plus loin.
Entrer, chanter, triompher, non, non, ça n'est
    pas pour nous.

                                        1932

COMME JE VOUS VOIS

Ceux qui me voient venir.
Moi aussi, je les vois venir.
Un jour le froid parlera,
Le froid repoussant la porte montrera le Néant.
Et alors, mes gaillards? Et alors?
Petits déculottés qui plastronnez encore,
Gonflés de la voix des autres et des poumons de
     l'époque,
Tout le troupeau, je le vois dans un seul four-
     reau.
Vous travaillez? Le palmier aussi agite ses bras.

Et vous guerriers, soldats au bon cœur, vendus
     bénévoles.
Votre belle cause est mesquine. Elle aura froid
     dans les couloirs de l'histoire.
Comme elle a froid!
Je vous vois en tablier, moi, est-ce curieux!
Je vois le Christ aussi — Pourquoi pas? —
Comme il était il y a près de 1940 ans.
Sa beauté déjà disparaissant,
Le visage rongé des baisers des futurs chrétiens.

Alors, ça marche toujours la vente des timbres
    pour l'au-delà?
Allons, au revoir tous, je n'ai encore qu'un pied
    dans l'ascenseur.
Adios!

1934

LE LIVRE DES RÉCLAMATIONS

Qu'est-ce que vous m'offrez?
Qu'est-ce que vous me donnez?
Qui me paiera du froid de l'existence?
Au poisson on donne l'hameçon.
Et à moi? Qu'est-ce que vous me donnez pour
     ma soif?
Qu'est-ce que vous me préparez?

La nausée dit au vomissement : « Viens. »
Mais le vomissement,
Comme la fortune qui se fait attendre...
Mais le moment,
Comme une époque qui va son lent chemin...
Mais de qui parle-t-on ici?
Oh rage, rage sans objet.
Oh non, on ne rit pas dans la toile de l'araignée.
Les enfants que j'eus ne ressemblaient pas à leur
     père.
C'étaient des loups.
Ils couraient beaucoup plus vite que leur père.
Leur père n'aurait jamais pu les suivre.
Et pourtant les loups se firent manger.

Les autres étaient des biches.
Les biches avec la compétence des herbivores
Entretinrent leur vie paisiblement.

« Non! » dit la balle au chasseur.
J'en ai assez de vivre en carabine.
Alors, le chasseur la libère.
Et joyeuse, elle s'en va tuer quelqu'un au loin.
Les désastres s'appellent les uns les autres.
Et se racolent.
« Il y a du mal à faire ici. »
Alors ils s'en viennent.
Chacun avec sa tête, même la guerre, même la
    mort
Et même la surdité qui n'entend rien,
Entend l'appel et vient occuper son siège.
Avez-vous vu un tigre sourd?
Spectacle fameux,
L'air planant, embarrassé quoique calme,
Il avance à travers la jungle.
D'où les gazelles s'éloignent en pouffant.
Tant qu'on demande aux griffes et aux crocs,
On ne peut leur demander d'entendre.

Fouettez mademoiselle, voulez-vous.
« — Mais chéri... »
Mais déjà les domestiques, la flamme dans l'œil,
    la déshabillent.
« — Allons, du calme, ma jolie, ne vous étran-
    glez pas. »
Bonheur, bonheur!
L'un a besoin d'un oignon pour pleurer.

L'autre n'en a pas besoin.
Nous lui arrachâmes un sein, puis nous le regret-
    tâmes.
Il n'en restait plus qu'un à arracher.

1933

MA VIE

Tu t'en vas sans moi, ma vie.
Tu roules,
Et moi j'attends encore de faire un pas.
Tu portes ailleurs la bataille.
Tu me désertes ainsi.
Je ne t'ai jamais suivie.

Je ne vois pas clair dans tes offres.
Le petit peu que je veux, jamais tu ne l'apportes.
A cause de ce manque, j'aspire à tant.
A tant de choses, à presque l'infini...
A cause de ce peu qui manque, que jamais tu
    n'apportes.

1932

ICEBERGS

Icebergs, sans garde-fou, sans ceinture, où de vieux cormorans abattus et les âmes des matelots morts récemment viennent s'accouder aux nuits enchanteresses de l'hyperboréal.

Icebergs, Icebergs, cathédrales sans religion de l'hiver éternel, enrobés dans la calotte glaciaire de la planète Terre.
Combien hauts, combien purs sont tes bords enfantés par le froid.

Icebergs, Icebergs, dos du Nord-Atlantique, augustes Bouddhas gelés sur des mers incontemplées, Phares scintillants de la Mort sans issue, le cri éperdu du silence dure des siècles.

Icebergs, Icebergs, Solitaires sans besoin, des pays bouchés, distants, et libres de vermine. Parents des îles, parents des sources, comme je vous vois, comme vous m'êtes familiers...

1934

VERS LA SÉRÉNITÉ

Celui qui n'accepte pas ce monde n'y bâtit pas de maison. S'il a froid, c'est sans avoir froid. Il a chaud sans chaleur. S'il abat des bouleaux, c'est comme s'il n'abattait rien; mais les bouleaux sont là, par terre et il reçoit l'argent convenu, ou bien il ne reçoit que des coups. Il reçoit les coups comme un don sans signification, et il repart sans s'étonner.

Il boit l'eau sans avoir soif, il s'enfonce dans le roc sans se trouver mal.
La jambe cassée, sous un camion, il garde son air habituel et songe à la paix, à la paix, à la paix si difficile à obtenir, si difficile à garder, à la paix.

Sans être jamais sorti, le monde lui est familier. Il connaît bien la mer. La mer est constamment sous lui, une mer sans eau, mais non pas sans vagues, mais non pas sans étendue. Il connaît bien les rivières. Elles le traversent

constamment, sans eau mais non pas sans lan-
gueur, mais non pas sans torrents soudains.

Des ouragans sans air font rage en lui. L'im-
mobilité de la Terre est aussi la sienne. Des
routes, des véhicules, des troupeaux sans fin le
parcourent, et un grand arbre sans cellulose
mais bien ferme mûrit en lui un fruit amer,
amer souvent, doux rarement.

Ainsi à l'écart, toujours seul au rendez-vous,
sans jamais retenir une main dans ses mains, il
songe, l'hameçon au cœur, à la paix, à la
damnée paix lancinante, la sienne, et à la paix
qu'on dit être par-dessus cette paix.

1934

Mes propriétés

(1930)

MES PROPRIÉTÉS

Dans mes propriétés tout est plat, rien ne bouge; et s'il y a une forme ici ou là, d'où vient donc la lumière? Nulle ombre.

Parfois quand j'ai le temps, j'observe, retenant ma respiration; à l'affût; et si je vois quelque chose émerger, je pars comme une balle et saute sur les lieux, mais la tête, car c'est le plus souvent une tête, rentre dans le marais; je puise vivement, c'est de la boue, de la boue tout à fait ordinaire ou du sable, du sable...

Ça ne s'ouvre pas non plus sur un beau ciel. Quoiqu'il n'y ait rien au-dessus, semble-t-il, il faut y marcher courbé comme dans un tunnel bas.

Ces propriétés sont mes seules propriétés, et j'y habite depuis mon enfance, et je puis dire que bien peu en possèdent de plus pauvres.

Souvent je voulus y disposer de belles avenues, je ferais un grand parc...

Ce n'est pas que j'aime les parcs, mais... tout de même.

D'autres fois (c'est une manie chez moi, inlas-

sable et qui repousse après tous les échecs) je
vois dans la vie extérieure ou dans un livre
illustré, un animal qui me plaît, une aigrette
blanche par exemple, et je me dis : Ça, ça
ferait bien dans mes propriétés et puis ça pour-
rait se multiplier, et je prends force notes et
je m'informe de tout ce qui constitue la vie de
l'animal. Ma documentation devient de plus en
plus vaste. Mais quand j'essaie de le transpor-
ter dans ma propriété, il lui manque toujours
quelques organes essentiels. Je me débats. Je
pressens déjà que ça n'aboutira pas cette fois
non plus; et quant à se multiplier, sur mes
propriétés on ne se multiplie pas, je ne le sais
que trop. Je m'occupe de la nourriture du nouvel
arrivé, de son air, je lui plante des arbres, je
sème de la verdure, mais telles sont mes détes-
tables propriétés que si je tourne les yeux, ou
qu'on m'appelle dehors un instant, quand je
reviens, il n'y a plus rien, ou seulement une
certaine couche de cendre qui, à la rigueur,
révélerait un dernier brin de mousse roussi...
à la rigueur.

Et si je m'obstine, ce n'est pas bêtise.

C'est parce que je suis condamné à vivre
dans mes propriétés et qu'il faut bien que j'en
fasse quelque chose.

Je vais bientôt avoir trente ans, et je n'ai
encore rien; naturellement je m'énerve.

J'arrive bien à former un objet, ou un être,
ou un fragment. Par exemple une branche ou
une dent, ou mille branches et mille dents.
Mais où les mettre? Il y a des gens qui sans

effort réussissent des massifs, des foules, des ensembles.

Moi, non. Mille dents oui, cent mille dents oui, et certains jours dans ma propriété j'ai là cent mille crayons, mais que faire dans un champ avec cent mille crayons? Ce n'est pas approprié, ou alors mettons cent mille dessinateurs.

Bien, mais tandis que je travaille à former un dessinateur (et quand j'en ai un, j'en ai cent mille), voilà mes cent mille crayons qui ont disparu.

Et si pour la dent, je prépare une mâchoire, un appareil de digestion et d'excrétion, sitôt l'enveloppe en état, quand j'en suis à mettre le pancréas et le foie voilà les dents parties, et bientôt la mâchoire aussi, et puis le foie, et quand je suis à l'anus, il n'y a plus que l'anus, ça me dégoûte, car s'il faut revenir par le côlon, l'intestin grêle et de nouveau la vésicule biliaire, et de nouveau et de nouveau tout, alors non. Non.

Devant et derrière ça s'éclipse aussitôt, ça ne peut pas attendre un instant.

C'est pour ça que mes propriétés sont toujours absolument dénuées de tout, à l'exception d'un être, ou d'une série d'êtres, ce qui ne fait d'ailleurs que renforcer la pauvreté générale, et mettre une réclame monstrueuse et insupportable à la désolation générale.

Alors je supprime tout, et il n'y a plus que les marais, sans rien d'autre, des marais qui sont ma propriété et qui veulent me désespérer.

Et si je m'entête, je ne sais vraiment pas pourquoi.

Mais parfois ça s'anime, de la vie grouille.
C'est visible, c'est certain. J'avais toujours pres-
senti qu'il y avait quelque chose en lui, je me
sens plein d'entrain. Mais voici que vient une
femme du dehors; et me criblant de plaisirs
innombrables, mais si rapprochés que ce n'est
qu'un instant, et m'emportant en ce même
instant, dans beaucoup, beaucoup de fois le
tour du monde... (Moi, de mon côté, je n'ai
pas osé la prier de visiter mes propriétés dans
l'état de pauvreté où elles sont, de quasi-
inexistence.) Bien! d'autre part, promptement
harassé donc de tant de voyages où je ne
comprends rien, et qui ne furent qu'un parfum,
je me sauve d'elle, maudissant les femmes une
fois de plus, et complètement perdu sur la
planète, je pleure après mes propriétés qui ne
sont rien, mais qui représentent quand même
du terrain familier, et ne me donnent pas cette
impression d'*absurde* que je trouve partout.

Je passe des semaines à la recherche de mon
terrain, humilié, seul; on peut m'injurier comme
on veut dans ces moments-là.

Je me soutiens grâce à cette conviction qu'il
n'est pas possible que je ne trouve pas mon
terrain et, en effet, un jour, un peu plus tôt,
un peu plus tard, le voilà!

Quel bonheur de se retrouver sur son terrain!
Ça vous a un air que n'a vraiment aucun autre.
Il y a bien quelques changements, il me semble
qu'il est un peu plus incliné, ou plus humide,
mais le grain de la terre, c'est le même grain.

Il se peut qu'il n'y ait jamais d'abondantes

récoltes. Mais, ce grain, que voulez-vous, il me
parle. Si pourtant, j'approche, il se confond
dans la masse — masse de petits halos.

N'importe, c'est nettement *mon terrain*. Je
ne peux pas expliquer ça, mais le confondre
avec un autre, ce serait comme si je me confon-
dais avec un autre, ce n'est pas possible.

Il y a mon terrain et moi; puis il y a l'étranger.

Il y a des gens qui ont des propriétés magni-
fiques, et je les envie. Ils voient quelque chose
ailleurs qui leur plaît. Bien, disent-ils, ce sera
pour ma propriété. Sitôt dit, sitôt fait, voilà
la chose dans leur propriété. Comment s'effectue
le passage? Je ne sais. Depuis leur tout jeune
âge, exercés à amasser, à acquérir, ils ne peuvent
voir un objet sans le planter immédiatement
chez eux, et cela se fait machinalement.

On ne peut même pas dire cupidité, on dira
réflexe.

Plusieurs même s'en doutent à peine. Ils ont
des propriétés magnifiques qu'ils entretiennent
par l'exercice constant de leur intelligence et
de leurs capacités extraordinaires, et ils ne
s'en doutent pas. Mais si vous avez besoin
d'une plante, si peu commune soit-elle, ou d'un
vieux carrosse comme en usait Joan V de Por-
tugal, ils s'absentent un instant et vous rap-
portent aussitôt ce que vous avez demandé.

Ceux qui sont habiles en psychologie, j'en-
tends, pas la livresque, auront peut-être remar-
qué que j'ai menti. J'ai dit que mes propriétés
étaient du terrain, or cela n'a pas toujours
été. Cela est au contraire fort récent, quoique

cela me paraisse tellement ancien, et gros de
plusieurs vies même.

J'essaie de me rappeler exactement ce qu'elles
étaient autrefois.

Elles étaient tourbillonnaires; semblables à
de vastes poches, à des bourses légèrement lumi-
neuses, et la substance en était impalpable
quoique fort dense.

J'ai parfois rendez-vous avec une ancienne
amie. Le ton de l'entretien devient vite pénible.
Alors je pars brusquement pour ma propriété.
Elle a la forme d'une crosse. Elle est grande et
lumineuse. Il y a du jour dans ce lumineux et
un acier fou qui tremble comme une eau. Et
là je suis bien; cela dure quelques moments,
puis je reviens par politesse près de la jeune
femme, et je souris. Mais ce sourire a une vertu
telle... (sans doute parce qu'il l'excommunie),
elle s'en va en claquant la porte.

Voilà comment les choses se passent entre
mon amie et moi. C'est régulier.

On ferait mieux de se séparer pour tout de
bon. Si j'avais de grandes et riches propriétés,
évidemment je la quitterais. Mais dans l'état
actuel des choses, il vaut mieux que j'attende
encore un peu.

Revenons au terrain. Je parlais de désespoir.
Non, ça autorise au contraire tous les espoirs,
un terrain. Sur un terrain on peut bâtir, et je
bâtirai. Maintenant j'en suis sûr. Je suis sauvé.
J'ai une base.

Auparavant, tout étant dans l'espace, sans
plafond, ni sol, naturellement, si j'y mettais

un être, je ne le revoyais plus jamais. Il disparaissait. *Il disparaissait par chute*, voilà ce que je n'avais pas compris, et moi qui m'imaginais l'avoir mal construit! Je revenais quelques heures après l'y avoir mis, et m'étonnais chaque fois de sa disparition. Maintenant, ça ne m'arrivera plus. Mon terrain, il est vrai, est encore marécageux. Mais je l'assécherai petit à petit et quand il sera bien dur, j'y établirai une famille de travailleurs.

Il fera bon marcher sur mon terrain. On verra tout ce que j'y ferai. Ma famille est immense. Vous en verrez de tous les types là-dedans, je ne l'ai pas encore montrée. Mais vous la verrez. Et ses évolutions étonneront le monde. Car elle évoluera avec cette avidité et cet emportement des gens qui ont vécu trop longtemps à leur gré d'une vie purement spatiale et qui se réveillent, transportés de joie, pour mettre des souliers.

Et puis dans l'espace, tout être devenait trop vulnérable. Ça faisait tache, ça ne meublait pas. Et tous les passants tapaient dessus comme sur une cible.

Tandis que du terrain, encore une fois...

Ah! ça va révolutionner ma vie.

Mère m'a toujours prédit la plus grande pauvreté et nullité. Bien. Jusqu'au terrain elle a raison; après le terrain on verra.

J'ai été la honte de mes parents, mais on verra, et puis je vais être heureux. Il y aura toujours nombreuse compagnie. Vous savez, j'étais bien seul, parfois.

UNE VIE DE CHIEN

Je me couche toujours très tôt et fourbu, et cependant on ne relève aucun travail fatigant dans ma journée.

Possible qu'on ne relève rien.

Mais moi, ce qui m'étonne, c'est que je puisse tenir bon jusqu'au soir, et que je ne sois pas obligé d'aller me coucher dès les quatre heures de l'après-midi.

Ce qui me fatigue ainsi ce sont mes interventions continuelles.

J'ai déjà dit que dans la rue je me battais avec tout le monde; je gifle l'un, je prends les seins aux femmes, et me servant de mon pied comme d'un tentacule, je mets la panique dans les voitures du Métropolitain.

Quant aux livres, ils me harassent par-dessus tout. Je ne laisse pas un mot dans son sens ni même dans sa forme.

Je l'attrape et, après quelques efforts, je le déracine et le détourne définitivement du troupeau de l'auteur.

Dans un chapitre vous avez tout de suite

des milliers de phrases et il faut que je les sabote toutes. Cela m'est nécessaire.

Parfois, certains mots restent comme des tours. Je dois m'y prendre à plusieurs reprises et, déjà bien avant dans mes dévastations, tout à coup au détour d'une idée, je revois cette tour. Je ne l'avais donc pas assez abattue, je dois revenir en arrière et lui trouver son poison, et je passe ainsi un temps interminable.

Et le livre lu en entier, je me lamente, car je n'ai rien compris... naturellement. N'ai pu me grossir de rien. Je reste maigre et sec.

Je pensais, n'est-ce pas, que quand j'aurais tout détruit, j'aurais de l'équilibre. Possible. Mais cela tarde, cela tarde bien.

UN CHIFFON

J'ai rarement rencontré dans ma vie des gens qui avaient besoin comme moi d'être regonflés à chaque instant.

On ne m'invite plus dans le monde. Après une heure ou deux (où je témoigne d'une tenue au moins égale à la moyenne), voilà que je me chiffonne. Je m'affaisse, je n'y suis presque plus, mon veston s'aplatit sur mon pantalon aplati.

Alors, les personnes présentes s'occupent à des jeux de société. On va vite chercher le nécessaire. L'un me traverse de sa lance, ou bien il use d'un sabre. (On trouve hélas! des panoplies dans tous les appartements.) L'autre m'assène joyeusement de gros coups de massue avec une bouteille de vin de Moselle, ou avec un de ces gros doubles litres de chianti, comme il y en a; une personne charmante me donne de vifs coups de ses hauts talons; son rire est flûté, on la suit avec intérêt et sa robe va et vient, légère. Tout le monde est plein d'entrain.

Cependant, je me suis regonflé. Je me brosse vite les habits de la main, et je m'en vais mécon-

tent. Et tous de pouffer de rire derrière la
porte.

Des gens comme moi, ça doit vivre en ermite,
c'est préférable.

MES OCCUPATIONS

Je peux rarement voir quelqu'un sans le battre. D'autres préfèrent le monologue intérieur. Moi, non. J'aime mieux battre.

Il y a des gens qui s'assoient en face de moi au restaurant et ne disent rien, ils restent un certain temps, car ils ont décidé de manger.

En voici un.

Je te l'agrippe, toc.

Je te le ragrippe, toc.

Je le pends au porte-manteau.

Je le décroche.

Je le repends.

Je le redécroche.

Je le mets sur la table, je le tasse et l'étouffe.

Je le salis, je l'inonde.

Il revit.

Je le rince, je l'étire (je commence à m'énerver, il faut en finir), je le masse, je le serre, je le résume et l'introduis dans mon verre, et jette ostensiblement le contenu par terre, et dis au garçon : « Mettez-moi donc un verre plus propre. »

Mais je me sens mal, je règle promptement l'addition et je m'en vais.

LA SIMPLICITÉ

Ce qui a manqué surtout à ma vie jusqu'à présent, c'est la simplicité. Je commence à changer petit à petit.

Par exemple, maintenant, je sors toujours avec mon lit, et quand une femme me plaît, je la prends et couche avec aussitôt.

Si ses oreilles sont laides et grandes ou son nez, je les lui enlève avec ses vêtements et les mets sous le lit, qu'elle retrouve en partant; je ne garde que ce qui me plaît.

Si ses dessous gagneraient à être changés, je les change aussitôt. Ce sera mon cadeau. Si cependant je vois une autre femme plus plaisante qui passe, je m'excuse auprès de la première et la fais disparaître immédiatement.

Des personnes qui me connaissent prétendent que je ne suis pas capable de faire ce que je dis là, que je n'ai pas assez de tempérament. Je le croyais aussi, mais cela venait de ce que je ne faisais pas tout *comme il me plaisait*.

Maintenant j'ai toujours de bonnes après-midi. (Le matin, je travaille.)

PERSÉCUTION

Autrefois mes ennemis avaient encore quelque épaisseur; mais maintenant ils deviennent filants. Je suis touché au coude (toute la journée je suis bousculé). C'est eux. Mais ils s'éclipsent aussitôt.

Depuis trois mois, je subis une défaite continue : ennemis sans visage; de la racine, de la véritable racine d'ennemis.

Après tout, ils dominèrent déjà toute mon enfance. Mais... je m'étais imaginé que maintenant je serais plus tranquille.

DORMIR

Il est bien difficile de dormir. D'abord les couvertures ont toujours un poids formidable et, pour ne parler que des draps de lit, c'est comme de la tôle.

Si on se découvre entièrement, tout le monde sait ce qui se passe. Après quelques minutes d'un repos d'ailleurs indéniable, on est projeté dans l'espace. Ensuite, pour redescendre, ce sont toujours des descentes brusques qui vous coupent la respiration.

Ou bien, couché sur le dos, on soulève les genoux. Ce n'est pas préférable, car l'eau que l'on a dans le ventre se met à tourner, à tourner de plus en plus vite; avec une pareille toupie, on ne peut dormir.

C'est pourquoi plusieurs, résolument, se couchent sur le ventre — mais, aussitôt — ils le savent, mais tant pis, disent-ils — ils tombent, ils tombent dans quelque abîme profond, et si bas qu'ils soient, il y a toujours quelqu'un qui leur tape du pied dans le derrière pour les enfoncer, encore plus bas... plus bas.

Aussi, l'heure d'aller dormir est pour tant de personnes un supplice sans pareil.

LA PARESSE

L'âme adore nager.

Pour nager on s'étend sur le ventre. L'âme se déboîte et s'en va. Elle s'en va en nageant. (Si votre âme s'en va quand vous êtes debout, ou assis, ou les genoux ployés, ou les coudes, pour chaque position corporelle différente l'âme partira avec une démarche et une forme différentes, c'est ce que j'établirai plus tard.)

On parle souvent de voler. Ce n'est pas ça. C'est nager qu'elle fait. Et elle nage comme les serpents et les anguilles, jamais autrement.

Quantité de personnes ont ainsi une âme qui adore nager. On les appelle vulgairement des paresseux. Quand l'âme quitte le corps par le ventre pour nager, il se produit une telle libération de je ne sais quoi, c'est un abandon, une jouissance, un relâchement si intime.

L'âme s'en va nager dans la cage de l'escalier ou dans la rue suivant la timidité ou l'audace de l'homme, car toujours elle garde un fil d'elle à lui, et si ce fil se rompait (il est parfois très ténu, mais c'est une force effroyable qu'il fau-

drait pour rompre le fil), ce serait terrible pour
eux (pour elle et pour lui).

Quand donc elle se trouve occupée à nager
au loin, par ce simple fil qui lie l'homme à
l'âme s'écoulent des volumes et des volumes
d'une sorte de matière spirituelle, comme de la
boue, comme du mercure, ou comme un gaz
— jouissance sans fin.

C'est pourquoi le paresseux est indécrottable.
Il ne changera jamais. C'est pourquoi aussi
la paresse est la mère de tous les vices. Car
qu'est-ce qui est plus égoïste que la paresse?

Elle a des fondements que l'orgueil n'a pas.

Mais les gens s'acharnent sur les paresseux.

Tandis qu'ils sont couchés, on les frappe, on
leur jette de l'eau fraîche sur la tête, ils doivent
vivement ramener leur âme. Ils vous regardent
alors avec ce regard de haine, que l'on connaît
bien, et qui se voit surtout chez les enfants.

BÉTONNÉ

Il suffit parfois d'un rien. Mon sang tourne en poison et je deviens dur comme du béton.

Mes amis hochent la tête. Ce n'est pas la paralysie surtout qu'il faut craindre, c'est l'asphyxie qui en résulte; ils se décident alors. Ils vont chercher leurs marteaux, mais une fois revenus, ils hésitent encore et tournent le manche entre leurs doigts. L'un dit : « Je vais chercher un mandrin, ce sera préférable », et ainsi ils essaient de gagner du temps. Cependant je commence à m'amollir. On voit (car ils m'ont déshabillé pour éprouver le sentiment d'avoir fait quelque chose), on voit comme des galets venus sous la peau. Ils s'amoindrissent et bientôt se dissolvent. Alors vivement mes amis de cacher leurs marteaux dans tous les coins. Je vois leur embarras; mais moi-même dans un trop grand pour parler. En effet, je ne peux supporter qu'on me voie nu. Il y a alors quelques minutes d'un silence opaque que je ne saurais raconter.

BONHEUR

Parfois, tout d'un coup, sans cause visible, s'étend sur moi un grand frisson de bonheur.

Venant d'un centre de moi-même si intérieur que je l'ignorais, il met, quoique roulant à une vitesse extrême, il met un temps considérable à se développer jusqu'à mes extrémités.

Ce frisson est parfaitement pur. Si longuement qu'il chemine en moi, jamais il ne rencontre d'organe bas, ni d'ailleurs d'aucune sorte, ni ne rencontre non plus idées ni sensations, tant est absolue son intimité.

Et Lui et moi sommes parfaitement seuls.

Peut-être bien, me parcourant dans toutes mes parties, demande-t-il au passage à celles-ci : « Eh bien? ça va? Est-ce que je peux faire quelque chose pour vous ici? » C'est possible, et qu'il les réconforte à sa façon. Mais je ne suis pas mis au courant.

Je voudrais aussi crier mon bonheur, mais quoi dire? cela est si strictement personnel.

Bientôt la jouissance est trop forte. Sans que je m'en rende compte, en quelques secondes

cela est devenu une souffrance atroce, un assas-
sinat.

La paralysie! me dis-je.

Je fais vite quelques mouvements, je m'as-
perge de beaucoup d'eau, ou plus simplement,
je me couche sur le ventre et cela passe.

LE HONTEUX INTERNE

Voici déjà un certain temps que je m'observe sans rien dire, d'un œil méfiant.

Malheur à qui la joie vient qui n'était pas fait pour cela. Il m'arrive depuis quelque temps et plusieurs fois dans la journée, et dans les moments les plus détestables comme dans les autres, tout à coup une ineffable sérénité. Et cette sérénité fait un avec la joie, et tous deux font zéro de moi.

Là où je suis, la Joie n'est pas. Or donc, elle se substitue à moi, me rince de tous mes attributs et quand je ne suis plus qu'un gaz, qu'est-ce qu'un gaz peut faire? Ni originalité ni lutte. Je suis livré à la joie. Elle me brise. Je me dégoûte.

Quand je redeviens libre, je sors, je sors rapidement avec ce visage des personnes qui viennent d'être violées. Si on me rencontre, j'explique brièvement que je me suis empoisonné avec une drogue que j'avais rapportée du Brésil, mais c'est faux.

J'étais autrefois si bien fermé!

Maintenant, toute ouverture, et le théâtre de la lécherie.

Ce ne serait qu'un demi-mal; j'en ai déjà vu de toutes les sortes. Mais, combien de temps ça va-t-il encore durer?

Il y a dans les traités d'anatomie une partie qu'on appelle le « honteux interne », un muscle je crois, je ne suis pas sûr.

Le « honteux interne », ce mot me poursuit. Je n'entends plus que ça. Le honteux interne, le honteux interne.

UN HOMME PRUDENT

Il croyait avoir dans l'abdomen un dépôt de chaux. Il allait tous les jours trouver les médecins qui lui disaient : « L'analyse des urines ne révèle rien », ou qu'il était plutôt même sur le chemin d'une décalcification, ou qu'il fumait trop, que ses nerfs avaient besoin de repos, que... que... que.

Il cessa ses visites et resta avec son dépôt.

La chaux est friable, mais pas toujours. Il y a les carbonates, les sulfates, les chlorates, les perchlorates, d'autres sels, et c'est naturel, dans un dépôt il faut s'attendre à trouver un peu de tout. Or, le canal de l'urètre, tout ce qui est liquide, oui, mais les cristaux il ne les laisse passer qu'avec un mal de chien. Il ne faut pas non plus respirer trop fort ou accélérer brusquement la circulation en courant comme un fou après le tramway. Que le bloc se désagrège et qu'un morceau entre dans le sang, adieu Paris!

Dans l'abdomen, il y a quantité d'artérioles, d'artères, et de veines principales, le cœur, l'aorte et plusieurs organes importants. C'est pourquoi

se plier serait une folie; et aller à cheval, qui y
songerait?

Quelle prudence il faut dans la vie!

Il songeait souvent au nombre de personnes
qui ont ainsi des dépôts en eux, l'un de chaux,
l'autre de plomb, l'autre de fer (et l'on extrayait
encore dernièrement une balle dans le cœur de
quelqu'un qui n'avait jamais connu la guerre).
Ces personnes marchent avec prudence. C'est
ce qui les signale au public, qui en rit.

Mais eux s'en vont prudents, prudents, à
pas prudents, méditant sur la Nature, qui a
tant, qui a tant de mystères.

COLÈRE

La colère chez moi ne vient pas d'emblée. Si rapide qu'elle soit à naître, elle est précédée d'un grand bonheur, toujours, et qui arrive en frissonnant.

Il est soufflé d'un coup et la colère se met en boule.

Tout en moi prend son poste de combat, et mes muscles qui veulent intervenir me font mal.

Mais il n'y a aucun ennemi. Cela me soulagerait d'en avoir. Mais les ennemis que j'ai ne sont pas des corps à battre, car ils manquent totalement de corps.

Cependant, après un certain temps, ma colère cède... par fatigue peut-être, car la colère est un équilibre qu'il est pénible de garder... Il y a aussi la satisfaction indéniable d'avoir travaillé et l'illusion encore que les ennemis s'enfuirent renonçant à la lutte.

UN HOMME PERDU

En sortant, je m'égarai. Il fut tout de suite
trop tard pour reculer. Je me trouvais au milieu
d'une plaine. Et partout circulaient de grandes
roues. Leur taille était bien cent fois la mienne.
Et d'autres étaient plus grandes encore. Pour
moi, sans presque les regarder, je chuchotais
à leur approche, doucement, comme à moi-
même : « Roue, ne m'écrase pas... Roue, je
t'en supplie, ne m'écrase pas... Roue, de grâce,
ne m'écrase pas. » Elles arrivaient, arrachant
un vent puissant, et repartaient. Je titubais.
Depuis des mois ainsi : « Roue, ne m'écrase
pas... Roue, cette fois-ci, encore, ne m'écrase
pas. » Et personne n'intervient! Et rien ne peut
arrêter ça! Je resterai là jusqu'à ma mort.

ENVOÛTEMENT

Mon amie, que j'ai perdue, vit toujours à Paris. Elle marche et rit. Je m'attends à ce qu'un jour prochain sa mère vienne me trouver et dire : « Monsieur, je ne sais ce qu'elle a. On ne trouve rien d'anormal, et pourtant ce mois encore elle a perdu 4 kilos. »

Quand elle ne pèsera plus que 55 livres, alors sa mère viendra me trouver qui a toujours feint de ne pas s'occuper de moi, comme d'un homme négligeable et d'un moment, sa mère viendra me trouver et me dira : « Monsieur, elle ne pèse plus que 55 livres. Peut-être pourriez-vous faire quelque chose pour elle. » Le mois suivant : « Monsieur, c'est 24 kilos à présent qu'elle pèse. C'est tout à fait grave. »

Mais moi : « 24... kilos, revenez à 14. »

Elle revient à 14, c'est 17, mais elle dit 14 en raison de la grande inquiétude qu'elle a que justement à 14 c'est la mort. Elle revient et me dit : « Monsieur, elle meurt. N'était-elle donc rien pour vous ? »

« Madame, soyez sans crainte, elle ne dispa-

raîtra pas toute. Je ne peux la tuer. Même
avec 2 kilogrammes ½ elle continuera à vivre. »

Mais cette mère, que j'ai toujours détestée,
se jeta sur moi. Il n'était pas possible que ce
fût sa fille. Sa fille devait être morte. C'était
une autre assurément, faite par ruse et entre-
tenue par cruauté.

Elle s'en alla, cherchant ses idées.

ENCORE DES CHANGEMENTS

A force de souffrir, je perdis les limites de mon corps et me démesurai irrésistiblement.

Je fus toutes choses : des fourmis surtout, interminablement à la file, laborieuses et toutefois hésitantes. C'était un mouvement fou. Il me fallait toute mon attention. Je m'aperçus bientôt que non seulement j'étais les fourmis, mais aussi j'étais leur chemin. Car de friable et poussiéreux qu'il était, il devint dur et ma souffrance était atroce. Je m'attendais, à chaque instant, à ce qu'il éclatât et fût projeté dans l'espace. Mais il tint bon.

Je me reposais comme je pouvais sur une autre partie de moi, plus douce. C'était une forêt et le vent l'agitait doucement. Mais vint une tempête, et les racines pour résister au vent qui augmentait me forèrent, ce n'est rien, mais me crochetèrent si profondément que c'était pire que la mort.

Une chute subite de terrain fit qu'une plage entra en moi, c'était une plage de galets. Ça

se mit à ruminer dans mon intérieur et ça appe-
lait la mer, la mer.

Souvent je devenais boa et, quoique un peu
gêné par l'allongement, je me préparais à dor-
mir, ou bien j'étais bison et je me préparais à
brouter, mais bientôt d'une épaule me venait
un tel typhon et les barques étaient projetées
en l'air et les steamers se demandaient s'ils
arriveraient au port et l'on n'entendait que
des S. O. S.

Je regrettais de n'être plus boa ou bison. Peu
après, il fallait me rétrécir jusqu'à tenir dans
une soucoupe. C'était toujours des changements
brusques, tout était à refaire, et ça n'en valait
pas la peine, ça n'allait durer que quelques
instants et pourtant il fallait bien s'adapter,
et toujours ces changements brusques. Ce n'est
pas un si grand mal de passer de rhomboèdre à
pyramide tronquée, mais c'est un grand mal de
passer de pyramide tronquée à baleine; il faut
tout de suite savoir plonger, respirer et puis
l'eau est froide et puis se trouver face à face
avec les harponneurs, mais moi, dès que je
voyais l'homme, je m'enfuyais. Mais il arrivait
que subitement je fusse changé en harponneur,
alors j'avais un chemin d'autant plus grand à
parcourir. J'arrivais enfin à rattraper la baleine,
je lançais vivement un harpon par l'avant,
bien aiguisé et solide (après avoir bien fait
amarrer et vérifier le câble), le harpon partait,
entrait profondément dans la chair, faisant une
blessure énorme. Je m'apercevais alors que
j'étais la baleine, je l'étais redevenue, c'était

une nouvelle occasion de souffrir, et moi je ne peux me faire à la souffrance.

Après une course folle, je perdais la vie, ensuite je redevenais bateau, et quand c'est moi le bateau, vous pouvez m'en croire, je fais eau de toutes parts, et quand ça va tout à fait mal, alors c'est sûr, je deviens capitaine, j'essaie de montrer une attitude de sang-froid, mais je suis désespéré, et si l'on arrive malgré tout à nous sauver, alors je me change en câble et le câble se rompt, et si une chaloupe est fracassée, justement j'en étais toutes les planches, je coulais et devenu échinoderme ça ne durait pas plus d'une seconde, car, désemparé au milieu d'ennemis dont je ne savais rien, ils m'avaient tout de suite, me mangeaient tout vivant, avec ces yeux blancs et féroces qu'on ne trouve que sous l'eau, sous l'eau salée de l'océan qui avive toutes les blessures. Ah! qui me laissera tranquille quelque temps? Mais non, si je ne bouge pas, c'est que je pourris sur place, et si je bouge c'est pour aller sous les coups de mes ennemis. Je n'ose faire un mouvement. Je me disloque aussitôt pour faire partie d'un ensemble baroque avec un vice d'équilibre qui ne se révèle que trop tôt et trop clairement.

Si je me changeais toujours en animal, à la rigueur on finirait par s'en accommoder, puisque c'est toujours plus ou moins le même comportement, le même principe d'action et de réaction, mais je suis encore des choses (et des choses encore ça irait), mais je suis des ensembles tellement factices, et de l'impalpable. Quelle his-

toire quand je suis changé en éclair! C'est là
qu'il faut faire vite, moi qui traîne toujours et
ne sais prendre une décision.

Ah! si je pouvais mourir une fois pour toutes.
Mais non, on me trouve toujours bon pour une
nouvelle vie et pourtant je n'y fais que des
gaffes et la mène promptement à sa perte.

N'empêche, on m'en donne aussitôt une autre
où ma prodigieuse incapacité se montrera à
nouveau avec évidence.

Parfois, il arrive que je renaisse avec colère...
« Hein? Quoi? Qu'est-ce qui veut se faire casser
en deux par ici? Tas de Taciturnes! Écorni-
fleurs! Roufflards! Saletés! Guenuches! Coucou-
gnasses! » Mais quand il arrive ainsi que je sois
à la hauteur, personne ne vient et peu après
l'on me change en un autre être sans force.

Et toujours, et sans cesse.

Il y a tant d'animaux, tant de plantes, tant
de minéraux. Et j'ai été déjà de tout et tant de
fois. Mais les expériences ne me servent pas.
Pour la trente-deuxième fois redevenant chlor-
hydrate d'ammonium, j'ai encore tendance à
me comporter comme de l'arsenic et, redevenu
chien, mes façons d'oiseau de nuit percent tou-
jours.

Rarement, je vois quelque chose, sans éprou-
ver ce sentiment si spécial... *Ah oui, j'ai été
ÇA*... je ne me souviens pas exactement, je
sens. (C'est pourquoi j'aime tellement les Ency-
clopédies illustrées. Je feuillette, je feuillette et
j'éprouve souvent des satisfactions, car il y a
là la photographie de plusieurs êtres que je

n'ai pas encore été. Ça me repose, c'est délicieux,
je me dis : « J'aurais pu être ça aussi, et ça, et
cela m'a été épargné. » J'ai un soupir de soula-
gement. Oh! le repos!)

AU LIT

La maladie que j'ai me condamne à l'immo-
bilité absolue au lit. Quand mon ennui prend
des proportions excessives et qui vont me désé-
quilibrer si l'on n'intervient pas, voici ce que
je fais :

J'écrase mon crâne et l'étale devant moi aussi
loin que possible et quand c'est bien plat, je
sors ma cavalerie. Les sabots tapent clair sur
ce sol ferme et jaunâtre. Les escadrons prennent
immédiatement le trot, et ça piaffe et ça rue.
Et ce bruit, ce rythme net et multiple, cette
ardeur qui respire le combat et la Victoire,
enchantent l'âme de celui qui est cloué au lit
et ne peut faire un mouvement.

LA JETÉE

Depuis un mois que j'habitais Honfleur, je n'avais pas encore vu la mer, car le médecin me faisait garder la chambre.

Mais hier soir, lassé d'un tel isolement, je construisis, profitant du brouillard, une jetée jusqu'à la mer.

Puis, tout au bout, laissant pendre mes jambes, je regardai la mer, sous moi, qui respirait profondément.

Un murmure vint de droite. C'était un homme assis comme moi les jambes ballantes, et qui regardait la mer. « A présent, dit-il, que je suis vieux, je vais en retirer tout ce que j'y ai mis depuis des années. » Il se mit à tirer en se servant de poulies.

Et il sortit des richesses en abondance. Il en tirait des capitaines d'autres âges en grand uniforme, des caisses cloutées de toutes sortes de choses précieuses et des femmes habillées richement mais comme elles ne s'habillent plus. Et chaque être ou chose qu'il amenait à la surface, il le regardait attentivement avec grand espoir, puis sans mot dire, tandis que son regard s'éteignait, il poussait ça derrière lui. Nous remplîmes ainsi toute l'estacade. Ce qu'il y avait, je ne m'en souviens pas au juste, car je n'ai pas de mémoire, mais visiblement ce n'était pas satisfaisant, quelque chose en tout était perdu, qu'il espérait retrouver et qui s'était fané.

Alors, il se mit à rejeter tout à la mer.

Un long ruban ce qui tomba et qui, vous mouillant, vous glaçait.

Un dernier débris qu'il poussait l'entraîna lui-même.

Quant à moi, grelottant de fièvre, comment je pus regagner mon lit, je me le demande.

CRIER

Le panaris est une souffrance atroce. Mais ce qui me faisait souffrir le plus, c'était que je ne pouvais crier. Car j'étais à l'hôtel. La nuit venait de tomber et ma chambre était prise entre deux autres où l'on dormait.

Alors, je me mis à sortir de mon crâne des grosses caisses, des cuivres, et un instrument qui résonnait plus que des orgues. Et profitant de la force prodigieuse que me donnait la fièvre, j'en fis un orchestre assourdissant. Tout tremblait de vibrations.

Alors, enfin assuré que dans ce tumulte ma voix ne serait pas entendue, je me mis à hurler, à hurler pendant des heures, et parvins à me soulager petit à petit.

CONSEILS AUX MALADES

Ce que le malade doit éviter, c'est d'être seul, et pourtant si l'on vient le voir et qu'on lui parle et qu'il soit un de ces hommes qui donnent plutôt qu'ils ne reçoivent, il se trouve bientôt tellement affaibli que quand le médecin ensuite se présente avec sa trousse pour inciser son panaris, il ne sait plus où prendre un peu de force pour résister à la souffrance, il se sent atrocement victime et délaissé.

Il vaut donc mieux qu'il crée lui-même sa compagnie qui reste là à sa disposition (même quand le médecin est là) et qui, en tout, est plus souple.

C'est dans les tentures qu'il peut loger le plus d'êtres.

Les grosses espèces il les réduira facilement, c'est la forme et la structure surtout qui importe.

Le premier jour, je plantai des pâquerettes. Tous les rideaux en étaient pleins.

« Fleurs aux petites paumes, leur disais-je, ne pouvez-vous rien pour moi? » Mais elles-mêmes étaient tellement tremblantes que je dus les renvoyer.

Je les remplaçai par des éléphants (de petite taille), ils montaient et descendaient comme des hippocampes puis, s'accrochant à un pli par leur trompe, me regardaient de leurs petits yeux qui comprennent.

Mais moi, promptement lassé — et puis je suis si paresseux — je détournais les yeux en leur disant : « Eh bien, maintenant, voulez-vous, parlez-moi de trompes. » Ils ne parlaient pas, mais tout de même réconforté par leur présence — cela vous garde, un éléphant — je m'endormais plus facilement.

MAUDIT

Dans six mois au plus tard, peut-être demain, je serai aveugle. C'est ma triste, triste vie qui continue.

Ceux qui m'ont mis au monde, ils le paieront, me disais-je autrefois. Jusqu'à présent ils n'ont pas encore payé. Moi, cependant, il faut maintenant que j'y aille de mes deux yeux. Leur perte définitive me libérera de souffrances atroces, c'est tout ce qu'on peut dire. Un matin, il y aura du pus plein mes paupières. Le temps de faire inutilement quelques essais du terrible nitrate d'argent, et c'en sera fini d'eux. Il y a neuf ans, mère me dit : « Je préférerais que tu ne fusses pas né. »

MAGIE

Plusieurs veulent obtenir des créations mentales en utilisant la méthode fakirique. C'est une erreur.

Chacun doit avoir sa méthode. Quand je veux faire apparaître une grenouille vivante (une grenouille morte, ça c'est facile) je ne me force pas. Même, je me mets mentalement à peindre un tableau. J'esquisse les rives d'un ruisseau en choisissant bien mes verts, puis *j'attends* le ruisseau. Après quelque temps, je plonge une baguette au delà de la rive; si elle se mouille, je suis tranquille, il n'y a plus qu'à patienter un peu, bientôt apparaîtront les grenouilles sautant et plongeant.

Si la baguette ne se mouille pas, il faut y renoncer.

Alors, je fais la nuit, une nuit bien chaude et, avec une lanterne, je circule dans la campagne, il est rare qu'elles tardent à coasser.

Cela ne vient rien faire ici. Mais il faut que je le dise, c'est là devant moi, cela vient : *Je vais être aveugle.*

SAINT

Et circulant dans mon corps maudit, j'arrivai
dans une région où les parties de moi étaient
fort rares et où pour vivre, il fallait être saint.
Mais moi, qui autrefois avais pourtant telle-
ment aspiré à la sainteté, maintenant que la
maladie m'y acculait, je me débattais et je me
débats encore, et il est évident que comme ça
je ne vivrai pas.

J'en aurais eu la possibilité, bien! mais y
être acculé, ça m'est insupportable.

DISTRACTIONS DE MALADE

Parfois, quand je me sens très bas et je suis toujours seul aussi et je suis au lit, je me fais rendre hommage par ma main gauche. Elle se dresse sur l'avant-bras, se tourne vers moi et me salue. Ma main gauche a peu de force et m'est fort lointaine. Paresseuse aussi. Pour qu'elle bouge, il faut que je la force un peu. Mais dès qu'elle a commencé, elle poursuit avec un naturel désir de me plaire. Ce sont des génuflexions et des gracieusetés à mon adresse, et même un tiers en serait ému.

PUISSANCE DE LA VOLONTÉ

Au début de l'année, je contractai une blen-
norragie. Fin septembre, elle existait toujours,
car je suis de tempérament lymphatique. Elle
existait toujours et son avenir de sinistres
complications.

Alors un jour, pris d'une impulsion irrésis-
tible, je me mis à recréer la femme avec qui
j'avais contracté la blennorragie. Je la créai dès
le début de notre première rencontre, avec les
moments les plus insignifiants de notre entre-
tien, et passant par toutes les phases de la
passion la plus sincère, je l'amenai jusqu'au
moment où l'union des corps va se faire, et là,
à ce moment précis, je la frappais de mon sou-
lier, la chassais inexorablement du lit, ouvrais
la porte et la jetais dehors.

Comme la vérité historique a une tendance
naturelle à se reconstituer, cette femme renais-
sait petit à petit avec tout ce qui était néces-
saire pour que la scène s'accomplît *normale-
ment*. Mais je la chassais avec régularité. Je
luttai ainsi pendant quinze jours; le seizième,

voyant que tout était inutile, et lasse de toutes ces hontes, elle s'en alla *avant* que je ne la frappe.

Le soir même j'étais guéri. L'écoulement avait cessé, et il n'y eut plus de rechutes non plus.

ENCORE UN MALHEUREUX

Il habitait rue Saint-Sulpice. Mais il s'en alla.
« Trop près de la Seine, dit-il, un faux pas est
si vite fait »; il s'en alla.

Peu de gens réfléchissent comme il y a de
l'eau, et profonde et partout.

Les torrents des Alpes ne sont pas si profonds,
mais ils sont tellement rapides (résultat pareil).
L'eau est toujours la plus forte, de quelque
manière qu'elle se présente. Et comme il s'en
rencontre de tous côtés presque sur toutes les
routes... il a beau exister des ponts et des ponts,
il suffit d'un qui manque et vous êtes noyé,
aussi sûrement noyé qu'avant l'époque des
ponts.

« Prenez de l'hémostyl, disait le médecin, ça
provient du sang. »

« Prenez de l'antasthène, disait le médecin, ça
provient des nerfs. »

« Prenez des balsamiques, disait le médecin,
ça provient de la vessie. »

Oh! l'eau, toutes ces eaux par le monde entier!

PROJECTION

Cela se passait sur la jetée d'Honfleur, le ciel
était pur. On voyait très clairement le phare
du Havre. Je restai là en tout bien dix heures.
A midi, j'allai déjeuner, mais je revins aussitôt
après.

Quelques barques s'en furent aux moules à la
marée basse, je reconnus un patron pêcheur
avec qui j'étais déjà sorti et je fis encore
quelques autres remarques. Mais en somme,
relativement au temps que j'y passai, j'en fis
excessivement peu.

Et tout d'un coup vers huit heures, je m'aper-
çus que tout ce spectacle que j'avais contemplé
pendant cette journée, ça avait été seulement
une émanation de mon esprit. Et j'en fus fort
satisfait, car justement je m'étais reproché un
peu avant de passer mes journées à ne rien
faire.

Je fus donc content et puisque c'était seule-
ment un spectacle venu de moi, cet horizon qui
m'obsédait, je m'apprêtai à le rentrer. Mais il
faisait fort chaud et sans doute j'étais fort

affaibli, car je n'arrivai à rien. L'horizon ne
diminuait pas et, loin de s'obscurcir, il avait
une apparence peut-être plus lumineuse qu'au-
paravant.

Je marchais, je marchais.

Et quand les gens me saluaient, je les regar-
dais avec égarement tout en me disant : « Il
faudrait pourtant le rentrer cet horizon, ça va
encore empoisonner ma vie, cette histoire-là »,
et ainsi arrivai-je pour dîner à l'hôtel d'Angle-
terre et là il fut bien évident *que j'étais réelle-
ment à Honfleur*, mais cela n'arrangeait rien.

Peu importait le passé. Le soir était venu, et
pourtant l'horizon était toujours là identique à
ce qu'il s'était montré aujourd'hui pendant des
heures.

Au milieu de la nuit, il a disparu tout d'un
coup, faisant si subitement place au néant que
je le regrettai presque.

INTERVENTION

Autrefois, j'avais trop le respect de la nature. Je me mettais devant les choses et les paysages et je les laissais faire.

Fini, maintenant *j'interviendrai*.

J'étais donc à Honfleur et je m'y ennuyais. Alors résolument j'y mis du chameau. Cela ne paraît pas fort indiqué. N'importe, c'était mon idée. D'ailleurs, je la mis à exécution avec la plus grande prudence. Je les introduisis d'abord les jours de grande affluence, le samedi sur la place du Marché. L'encombrement devint indescriptible et les touristes disaient : « Ah! ce que ça pue! Sont-ils sales les gens d'ici! » L'odeur gagna le port et se mit à terrasser celle de la crevette. On sortait de la foule plein de poussières et de poils d'on ne savait quoi.

Et, la nuit, il fallait entendre les coups de pattes des chameaux quand ils essayaient de franchir les écluses, gong! gong! sur le métal et les madriers!

L'envahissement par les chameaux se fit avec suite et sûreté.

On commençait à voir les Honfleurais loucher à chaque instant avec ce regard soupçonneux si spécial aux chameliers, quand ils inspectent leur caravane pour voir si rien ne manque et si on peut continuer à faire route; mais je dus quitter Honfleur le quatrième jour

J'avais lancé également un train de voyageurs. Il partait à toute allure de la Grand'Place, et résolument s'avançait sur la mer sans s'inquiéter de la lourdeur du matériel; il filait en avant, sauvé par la foi.

Dommage que j'aie dû m'en aller, mais je doute fort que le calme renaisse tout de suite en cette petite ville de pêcheurs de crevettes et de moules.

NOTES DE ZOOLOGIE

... Là je vis aussi l'Auroch, la Parpue, la Darelette, l'Épigrue, la Cartive avec la tête en forme de poire, la Meige, l'Émeu avec du pus dans les oreilles, la Courtipliane avec sa démarche d'eunuque; des Vampires, des Hypédruches à la queue noire, des Bourrasses à trois rangs de poches ventrales, des Chougnous en masse gélatineuse, des Peffils au bec en couteau; le Cartuis avec son odeur de chocolat, des Daragues à plumes damasquinées, les Pourpiasses à l'anus vert et frémissant, les Baltrés à la peau de moire, les Babluites avec leurs poches d'eau, les Carcites avec leurs cristaux sur la gueule, les Jamettes au dos de scie et à la voix larmoyante, les Purlides chassieux et comme décomposés, avec leur venin à double jet, l'un en hauteur, l'autre vers le sol, les Cajax et les Bayabées, sortant rarement de leur vie parasitaire, les Paradrigues, si agiles, surnommés jets de pierre, les singes Rina, les singes Tirtis, les singes Macbelis, les singes « ro » s'attaquant à tout, sifflant par endroits plus

aigu et tranchant que perroquets, barbrissant
et ramoisant sur tout le paysage jusqu'à domi-
ner le bruit de l'immense piétinement et le
bruflement des gros pachydermes.

De larges avenues s'ouvraient tout à coup
et la vue dévalait sur des foules d'échines et
de croupes pour tomber sur des vides qui hur-
laient à fond dans la bousculade universelle,
sous les orteils de Bamanvus larges comme des
tartes, sous les rapides pattes des crèles, qui,
secs et nerveux, trottent, crottent, fouillent
et pf... comme l'air.

On entendait en gong bas la bichuterie des
Trèmes plates et basses comme des punaises,
de la dimension d'une feuille de nénuphar, d'un
vert olive; elles faisaient dans la plaine, là où
on pouvait les observer, comme une lente et
merveilleuse circulation d'assiettes de couleur;
êtres mystérieux à tête semblable à celle de la
sole, se basculant tout entiers pour manger,
mangeurs de fourmis et autres raviots de cette
taille.

Marchaient au milieu les grands Cowgas,
échassiers au plumage nacré, si minces, tout
en rotules, en vertèbres et en chapelet osseux,
qui font résonner dans leur corps entier ce
bruit de mastication et de salivation qui accom-
pagne le manger chez le chien ou chez l'homme
fruste.

LA PARPUE

La Parpue est un animal cravaté de lourds fanons, les yeux semblent mous et de la couleur de l'asperge cuite, striés de sang, mais davantage sur les bords.

La pupille n'est pas nue. C'est un réseau de canaux noirs qui se disposent assez généralement en trois régions, trois triangles.

La pupille de cet animal varie pour chaque personne qui l'observe et devant toute nouvelle circonstance. Mais contrairement aux félins, la lumière est ce qui lui importe le moins; ce sont ses impressions plutôt qui changent ses yeux et ceux-ci sont larges comme la main.

Les hommes Banto passent, selon Astrose, contemporain d'Euclide et le seul homme de ce temps qui ait voyagé, pour avoir apprivoisé la parpue. Les Banto prétendaient que le *e* et le *i* se trouvant dans la langue de tous les peuples connus alors étaient une preuve de la faiblesse de ces peuples.

Mais eux-mêmes ayant épousé des femmes Iroi perdirent leurs vertus guerrières et leur idiome singulier.

La parpue est douce. Ils l'ont travaillée,
exercée. Certaines parpues peuvent pendant
des heures ainsi modifier leurs yeux. On ne
se fatigue pas de les contempler, « des étangs
qui vivraient », dit Astrose. Ce sont de grandes
actrices. Après une séance d'une heure, elles
se mettent à trembler, on les enroule dans la
laine, car sous leurs longs poils, la transpira-
tion s'est faite grosse et c'est dangereux pour
elles.

LA DARELETTE

La *Darelette* se rencontre dans les terrains secs et sablonneux. Ce n'est pas une plante, c'est une bête agile, corsetée et chitinée comme pas un insecte, grosse comme un rat et longue comme celui-ci, la queue comprise.

Son dernier segment (il y a en trois), si un homme saute dessus, a quelque chance de se rompre, quand l'animal n'est pas arrivé à l'âge adulte.

L'intérieur, sous des parois d'un auriculaire d'épaisseur, ne contenant pas d'organes essentiels, la bête blessée continue sa marche avec sa marmelade abdominale et ses parois en brèche. C'est une bête qui ne craint personne, mange les serpents et va sucer au pis des vaches qui n'osent pas faire un mouvement.

L'araignée des fosses lui fait la guerre avec succès; elle l'embobine, la comble de fils; une fois paralysée, elle la pompe tout entière par les oreilles.

Ses oreilles en rosace et ses yeux et ses organes internes sont le seul tendre de son corps.

Elle la pompe tout entière par les oreilles.

INSECTES

M'éloignant davantage vers l'ouest, je vis des insectes à neuf segments avec des yeux énormes semblables à des râpes et un corsage en treillis comme les lampes des mineurs, d'autres avec des antennes murmurantes; ceux-ci avec une vingtaine de paires de pattes, plus semblables à des agrafes; ceux-là faits de laque noire et de nacre, qui croustillaient sous les pieds comme des coquillages; d'autres hauts sur pattes comme des faucheux avec de petits yeux d'épingle, rouges comme ceux des souris albinos, véritables braises montées sur tiges, ayant une expression d'indicible affolement; d'autres avec une tête d'ivoire, surprenantes calvities dont on se sentait tout à coup si frères, si près, dont les pattes partaient en avant comme des bielles qui zigzaguaient en l'air.

Enfin il y en avait de transparents, carafes qui par endroits seraient poilues; ils avançaient par milliers, faisant une cristallerie, un étalage de lumière et de soleil tel, qu'après cela tout paraissait cendre et produit de nuit noire.

CATAFALQUES

Dans cette région se trouvait encore quantité
de petits animaux au corps de ouate. Vous
marchez dessus et ils se retrouvent entiers, mais
un os situé presque au tiers de l'échine (partant
de la queue) si celui-là est touché, un os pas
bien gros, mais celui-là broyé, l'animal tombe
comme un paquet et quand on ouvre cet os
on n'y trouve qu'une pâte pas bien spéciale.

Un autre animal avec une échine de cata-
falque, crucifiée de jaune, plus gros qu'un
bœuf. L'approche-t-on, il vous envoie une de
ces volées de sabots, une de ces ruades, faisant
face de tous côtés, tournant sur son train de
derrière comme sur un pas de vis. L'ennemi une
fois hors de combat, mais pas avant, et il
resterait quarante-huit heures s'il le faut, il
reprend son pas d'automate, la conduite de son
enterrement de 1re classe. Si nette est l'impres-
sion que quand on les voit en groupe, père
catafalque, et les enfants catafalque, on s'atten-
drit devant cette apparente nouveauté de la
mort, procédant maintenant par familles.

L'EMANGLOM

C'est un animal sans formes, robuste entre tous, muscles pour les trois quarts, et, dans son extérieur entièrement, qui a partout près d'un pied d'épaisseur. Tous les rochers, même lisses, il est en mesure de les escalader.

Cette peau si amorphe devient crampons.

Aucun animal ne l'attaque; trop haut sur terre pour qu'un rhinocéros puisse l'écraser, plutôt, lui le culbuterait, n'y ayant que la vitesse qui lui manque.

Les tigres s'y casseraient les griffes sans l'entamer et enfin même une puce ou un taon, un cobra n'y trouve pas un endroit sensible.

Et quoique merveilleusement au courant de tout ce qui se passe autour de lui, sauf paraît-il au fort de l'été, on ne lui trouve aucun sens.

Pour se nourrir, il se met à l'eau; un bouillonnement et surtout une grande circulation d'eau l'accompagne et des poissons parfaitement intacts viennent surnager le ventre en l'air.

Privé d'eau il meurt, le reste est mystère.

Il n'est pas inouï qu'on rencontre des crocodiles fracassés sur les bords des fleuves qu'il fréquente.

NOUVELLES OBSERVATIONS

Là je rencontrai les Phlises, les Bourabous, les Cournouaques et des bandes de sauteurs plus agiles que des grillons, malgré leur taille et leur corpulence, les Buresques, écrasés et poilus comme des paillassons, les Noisis et les Ptériglottes; les Burbumes qui chevauchent comme des vagues et sont couverts de longs poils blancs soyeux, les Chérinots et les Barabattes, lourds comme l'ours, violents comme le cobra, têtus comme le rhinocéros; les Clangiothermes, les Ossiosporadies, les Brinogudules aux cent queues et les Cistides toujours empêtrés dans des plantes et forant des coquilles; quantité de parasites, les Obioborants à cornac (une sorte de monstre du tiers de leur taille qui se fixe sur eux pour la vie), les Chiripépodes qui ont un tas de pattes inutiles qui leur pendent comme des haillons, les Solidodiercules à colocos et les Criptostarsites aux gros boyaux extérieurs, les Routeries encapuchonnées et les Urvèles qui volent comme les grues, mais ne sont pas si gros qu'une noisette, les colonies nombreuses des Suppurines, des Brunoises et des Ourwailles; et partout des orvets manchetés inoffensifs, mais si semblables aux terribles Ixtyoxyls du Mexique que c'était une panique générale à chaque mouvement de l'herbe.

LA RACE URDES

Dans ce pays, ils ne se servent pas de femmes.
Quand ils veulent jouir, ils descendent dans
l'eau, et s'en vient alors vers eux un être un
peu comme la loutre, mais plus grand, plus
souple encore (et avez-vous vu une loutre entrer
à l'eau? elle entre comme une main); s'en
viennent vers lui ces bêtes et se le disputent,
s'y enroulent et se bousculent tellement que,
s'il ne s'était muni de flotteurs de bois léger,
l'homme coulerait à pic, si bon nageur qu'il
soit et serait besogné, si je puis dire, sur le lit
du fleuve. Cette bête se colle à lui en ruban et
ne le lâche pas volontiers.

Ce qui séduit surtout chez ces animaux, c'est
la souplesse unie à la force. L'homme trouve
enfin plus fort que lui.

Les riches en élèvent pour eux et leurs invités.

On établit aussi des eaux vides où peuvent se
baigner les enfants.

Quant aux jeunes gens nubiles, il faut prendre
garde à eux les premières fois qu'ils vont au
fleuve, car de plaisir et de soudain étonnement,

ils perdent leurs forces trop rapidement et se laissent entraîner au fond.

On sait comme l'eau est traître à ce sujet. Il faut, comme ils sont presque évanouis, les retirer de l'eau par le moyen de perches.

La nature du plaisir est comme le nôtre, mais rien n'y a pour les femmes. Mais comme partout ailleurs, cependant, les hommes les font mères et les mettent à leur droite dans le lit.

NOTES DE BOTANIQUE

Dans ce pays, il n'y a pas de feuilles. J'ai parcouru plusieurs forêts. Les arbres paraissent morts. Erreur. Ils vivent. Mais ils n'ont pas de feuilles.

La plupart, avec un tronc très dur, vous ont partout des appendices minces comme des peaux. Les *Barimes* semblables à des spectres, tout entiers couverts de ces voiles végétaux; on les soulève, on veut voir la personne cachée. Non, dessous ce n'est qu'un tronc.

Il y a aussi, dans la forêt de *Ravgor*, de tout petits arbres trapus et creux et sans branches qui ressemblent à des paniers.

Les *Karrets* droits jusqu'à la hauteur de cinq ou six mètres, là tout à coup obliquent, pointent et vous partent en espadon contre les voisins.

D'autres avec de grandes branches dansantes, souples comme tout, serpentines.

D'autres avec de courts rameaux fermes et tout en fourchettes.

D'autres, chaque année, forment un dôme ligneux. On en rencontre d'énormes, des vieux,

carapace sur carapace, et s'il vient un incendie
de forêt (on ne sait ce qu'ils ont), ils cuisent
là à petit feu, tout seuls, pendant des six, sept
semaines, alors que tout autour d'eux, sur des
lieues de parcours, ce n'est que cendre grise et
froid de la nature minérale.

D'autres qui se tendent sous la pluie comme
des courroies et grincent; on se croirait dans
une forêt en cuir.

Les arbres à chapelets, et les arbres à relais.

Les arbres à boules terminales creuses, mu-
nies de deux rubans. Par grand vent étaient
emportées ces boules, et volaient, ou plutôt
flottaient lentement, semblables à des poissons,
des poissons qui vont enfin regagner la rivière
après un voyage pénible, mais le vent les chas-
sait et elles allaient s'empaler sur les arbres à
fourchettes, ou roulaient à terre par centaines,
formant un immense plancher de billes, se bous-
culant et comme rieuses.

Les *Badèges* ont des racines grimpantes. Une
racine sort tout à coup, vient s'appuyer contre
une branche d'un air décidé, l'air d'une mons-
trueuse carotte.

Il y en a d'autres, l'écorce de leur tronc
s'ouvre le jour, comme des capots d'automo-
biles avec leurs fentes d'aération, puis la nuit
se ferme strictement, et jamais on ne croirait
qu'ils se sont jamais ouverts. Les indigènes se
nourrissent d'une amande dont l'enveloppe est
extrêmement dure. Ils la mettent l'après-midi
dans les fentes de l'arbre, et la retirent le matin,
broyée, prête à être mangée.

L'arbre le plus agréable c'est le *Vibon*. L'arbre à laine. On voudrait vivre dans sa couronne. Quantité innombrable de rameaux ont ses branches, et chacun sécrète une antenne de laine, si bien qu'il y a là une grosse tête laineuse. C'est le Bouddha de la forêt. Mais il arrive que les *Balicolica* (ce sont des oiseaux) y viennent habiter. Ils crottent partout. Alors c'est une odeur infecte qui se forme là, et il faut brûler l'arbre.

L'arbre à baleines de parapluie; d'autres tout en lamelles, si vous y donnez un coup fort, tombent en s'ouvrant comme un paquet de cartes.

D'autres à tête spongieuse, et si on y enfonce la main par mégarde, un liquide brun gicle partout.

Le *Kobo* qui produit trois pans de bois chaque année, qui pourrissent en novembre, se détachent alors pour un rien, et vous tombent dessus comme des paravents.

Les *Romans*, sans aucune hauteur, à peine la couronne sort de terre, ça leur suffit, mais larges... larges.

Parfois, vous ne voyez que plaines et c'est une forêt, une forêt de *Romans*. Les branches reposent sur le sol, allongées comme des serpents, les plus jeunes on peut les voir avancer, et on les entend si le sol est sablonneux et sec.

Dans les branches en cerceaux des *Ricoïtes*, les singes passent et sautent continuellement.

Le tronc des *Comaraves* n'est pas cylindrique. Leur forme est celle des pianos à queue, vus

d'en haut. Mais ils sont aussi élevés que des
tours et sans branches. Ils ont une telle masse
de bois, franche, qui ne se dissimule pas comme
font les arbres des régions tempérées, toujours
prêts à devenir feuillus; assemblés par quinze
ou vingt, ils forment comme des menhirs de
bois. C'est curieux ces rassemblements (presque
des alignements), c'est peut-être parce qu'ils
tuent autour d'eux tout ce qui vit. Mais pour-
quoi ne sont-ils jamais plus de quinze ou vingt?

Et entre eux, même pas de l'herbe, ou de la
mousse ne pourrait croître, tant ils sont affamés
malgré leur air de pierre. Le sol est lisse et sec
et les insectes n'y passeraient pas — clairières,
temples.

Il y a aussi des petits buissons. Ces plantes
sortent de terre comme des mains. Elles consti-
tuent la brousse. Elles ont l'air de vouloir vous
fouiller.

Il faut les couper pour passer, et elles saignent
abondamment, un liquide bleu violet qui tache
fort et la tache ne part pas.

La marche la plus pénible, c'est dans les
Comvodges. Sortent de terre des milliers de fils.
Ils s'amassent sur le sol jusqu'à hauteur d'un
yard. On marche là-dedans comme sur des
matelas crevés, on perd l'équilibre à chaque
instant.

Les graminées atteignent ici jusqu'à sept
mètres de haut. Rien n'y peut passer. Même les
serpents font un détour. C'est la végétation la
plus serrée qui soit. Le centre d'un champ
ne vaut rien, végète. Les côtés seuls vivent,

absorbent tout. Il fait noir au centre, comme
à l'intérieur d'un corps.

Il y vient souvent des parasites. Ils entrent
dans le creux du chaume. Le chaume est vert
tendre. Le parasite est brun, on le voit monter
et descendre par transparence, comme une sève
noire, comme du café.

Une fois qu'ils ont quitté le champ, on peut
être sûr qu'il ne reste plus aucune vie. Alors le
premier vent qui vient abat les tiges, en les
croquant.

Tout le champ, haut comme une maison,
s'effondre; l'horizon est rafraîchi, mais le culti-
vateur se lamente.

LES YEUX

Là je vis les véritables yeux des créatures, tous, d'un coup; enfin!

Les yeux de la drague, les yeux de lait du ventre, les yeux d'encre, les yeux d'aiguille de l'urètre, l'œil roux du foie, les yeux de mer de la mer, l'œil de beurre des tonneaux, l'œil d'ébène du menton, l'œil englouti de l'anus, les yeux à plis, l'œil fessu des femmes acrobates, les yeux d'huile, les yeux de drap des mondains, la classe moyenne aux yeux de meuble, le pianiste aux yeux de frites, les yeux de soupe, les yeux lointains de l'artillerie lourde, les yeux de betterave de la foule, les grues aux yeux de menthe, l'œil bifteck de la cinquantaine, des yeux de haute taille, et les regards montaient comme une brume.

Et ils se mirent à bouger, car ils étaient devenus autonomes.

Il y avait là des yeux grimpeurs, il y avait les bêcheurs (chassieux), et la terre se mettant dans leur chassie les surchargeait continuellement; ils la secouaient constamment, qui tombait comme un paquet de tripes, ou comme bras à la guerre.

Il y avait les yeux planteurs et attentifs qui circulaient sur de hauts pédoncules, des yeux gourmands bourrés de marrons, des yeux comme des péritoines, enfin, à l'écart, toujours fins et fignolants, des yeux de lotus jolis à ravir.

Des yeux cornés qui y allaient carrément, et se buter contre un mur n'était pas pour les effrayer; des yeux à cinq rangs de paupières qu'ils abaissaient successivement en les comptant suivant l'hommage plus ou moins important qu'ils devaient à chacun; les yeux de velours, les yeux poilus, l'œil-aluminium de l'avenir, l'œil eunuchoïde écœurant et à poches; les yeux innombrables des *Flises* reines-marguerites de la vision; l'œil monté sur botte (il bascule lentement comme un gyroscope et est englué dans une sorte de séreuse); les yeux à clous qui se blessent eux-mêmes continuellement, les yeux des *Bélines* qui ne songent qu'à se tremper, à faire de l'eau et à mouiller tout ce qui est en dessous; les yeux des *Corvates*, tout en dents et qu'il faut engraisser sans relâche, les yeux écornifleurs qui ne vivent que sur les sentiments des autres, les yeux concaves, les yeux à la prunelle conique, les yeux empierrés, les yeux mères et d'autres qui allaitaient déjà.

Certains étaient gros comme des ballons de football, d'autres très hauts sur pattes, d'autres pas plus gros que des yeux de fourmis.

Tout ça est bon pour la marmite, dit une voix.

La plaine fut aussitôt raclée et nettoyée et

plus rien ne subsista, que le sol obscur qui était de l'argile.

Puis, un peu après, d'autres yeux se mirent à apparaître. Ils affleuraient d'abord timidement. Bien vite, ils furent nombreux.

Des yeux lourds, des yeux ternes d'où sortaient les mites, des yeux à dentelles et à falbalas, des yeux à pendeloques, des yeux pleins d'écume en train de se raser (la partie droite déjà nette, rasée de près, et bonne à poudrer); les yeux explosibles dont tous les autres s'écartaient vivement, criant « poudre! » sans un mot de plus, les yeux volatiles qui partaient au moindre vent pour des pays lointains, et leurs amis s'accrochaient vainement à eux, en les implorant, emplissant le lieu d'une lamentation telle que l'on se serait cru sur Terre.

Les yeux aquatiques où l'épinoche fait son nid, l'œil saugrenu, l'œil à peigne, l'œil trombone, l'œil à soufflets, et partout des carcasses d'yeux vidés par les oiseaux de nuit, des dépôts d'yeux frais qu'on venait de sortir des caves, les yeux malheureux se frottant d'une craie toujours renaissante, les yeux bouleversants de vide-poches, des yeux cadenassés où n'entre rien, et les yeux secrets qui vivent dans les mares.

De grosses bandes d'yeux échassiers poursuivaient les yeux ronds et courts sur pattes, les boulant vivement devant eux, jusqu'à les faire se prendre au loin, tout d'un coup, dans une ligne de barbelés qu'on n'avait pas vue et qui stoppait tout. Comme le bêlement d'un mouton qui est fort, mais qui s'arrête quand le loup est là.

Tout ça est bon pour la marmite, criait à ce moment la voix.

Les yeux étaient enlevés, la plaine était balayée, la plaine redevenait nue.

Puis, petit à petit, elle se repeuplait; d'yeux toujours différents, de races nouvelles; de toutes les structures, des fignolés comme des minarets, des pleins comme des tambours, des rouges comme des cerises, de toutes sortes, emplissant la plaine rapidement, à petits bouillons, puis tout d'un coup, à nouveau : *Tout ça est bon pour la marmite,* disait la voix.

Et la plaine était immédiatement léchée et lisse, et prête à être réensemencée.

Ah! cette nuit!

Le rythme surtout était étonnant. « Grande foule », puis pftt... rien, la plaine comme une dalle, puis ça renaissait... Mais un temps strictement mesuré et implacable s'accomplissant les fauchait d'un coup jusqu'au dernier.

PETIT

Quand vous me verrez,
Allez,
Ce n'est pas moi.

Dans les grains de sable,
Dans les grains des grains,
Dans la farine invisible de l'air,
Dans un grand vide qui se nourrit comme du
        sang,
C'est là que je vis.

Oh! Je n'ai pas à me vanter : Petit! petit!
Et si l'on me tenait,
On ferait de moi ce qu'on voudrait.

CHAINES ENCHAINÉES

Ne pesez pas plus qu'une flamme et tout ira
    bien,
Une flamme de zéphyr, une flamme venant d'un
    poumon chaud et ensanglanté,
Une flamme en un mot.
Ruine au visage aimable et reposé,
Ruine pour tout dire, ruine.

Ne pesez pas plus qu'une hune et tout ira bien.
Une hune dans le ciel, une hune de corsage.
Une et point davantage,
Une et féminine,
Une.

COMPAGNONS

Et la vigueur de l'homme est dans les bras,
Et les bras du nageur sont dans le fleuve.
Et le fleuve boit, et le nageur boit et le noyé a
     beaucoup bu.
On le repêche, et on le met à sécher,
Mais il est mort, et mort pour quelque temps...
     (coutume! coutume!)
Ah! écrire, écrire sans jamais rien accrocher...
Femmes aux cheveux blonds qui depuis si long-
     temps fûtes mes compagnes de rêves, de
     nuages et de secousse,
Arbres dans les vallées et vallées à l'automne,
Fleurs avec vos pétales et avec vos sépales,
Mouchoirs au fond d'une poche trouée, en sus-
     pension près de la jambe,
Mouchoirs qui serrez le nez avec ostentation,
Mouchoirs qui prenez le parfum comme une
     quille bien heurtée se rend à la pesanteur,
Doigts nombreux au point d'être dix et de cinq
     modèles différents,
Compagnons, tous mes compagnons, fantômes
     aux corps de verre.
Fantômes tremblants parcourus de coliques,
C'est vous qui êtes mes hommes, c'est Vous.

EUX

Ils ne sont pas venus pour rire ni pour pleurer,
Ils ne sont venus d'abord plus loin que le rivage,
Ils ne sont venus ni à deux ni à trois,
Ils ne sont pas venus comme on l'avait dit,
Ils sont venus sans protection, sans réflexion et
    sans chagrin,
Ils sont venus sans supplier, ni commander,
Ils sont venus sans demander pardon, sans pa-
    rents et sans vivres,
Et jusqu'à cette heure, ils n'ont pas encore tra-
    vaillé.
Bien, bien, bien, c'est ainsi qu'on sera maté par
    plus abandonné que soi,
On sera vaincu et couché nu sur les lits préparés
    par les vainqueurs,
On avalera sa honte dans le plaisir ou dans la
    souffrance,
Et beaucoup salueront la révélation en grinçant
    des dents,
Et sans vouloir s'admettre eux-mêmes.

Amour! amour! et une fois de plus ton nom
    appliqué tout de travers.

EN VÉRITÉ

En vérité, quand je dis :
    « Grand et fort.
    « Ainsi va le mort.
    « Quel est le vivant,
    « Qui en ferait autant? »
Le mort, c'est moi.
En vérité, quand je dis :
    « Ne mettez pas les parents dans votre jeu,
    « Il n'y a pas de place pour eux,
    « Et la femme qui a enfanté a été jusqu'au
        bout de ses forces,
    « Il ne faut pas lui en demander plus,
    « Et ne faites pas tant d'histoires,
    « Le malheur c'est tout à fait naturel »,
En vérité, la femme ce n'est pas moi.
C'est moi le bon chemin qui ne fait rebrousser
    personne.
C'est moi le bon poignard qui fait deux partout
    où il passe.
C'est moi qui...
Ce sont les autres qui ne pas...

EMPORTEZ-MOI

Emportez-moi dans une caravelle,
Dans une vieille et douce caravelle,
Dans l'étrave, ou si l'on veut, dans l'écume,
Et perdez-moi, au loin, au loin.

Dans l'attelage d'un autre âge.
Dans le velours trompeur de la neige.
Dans l'haleine de quelques chiens réunis.
Dans la troupe exténuée des feuilles mortes.

Emportez-moi sans me briser, dans les baisers,
Dans les poitrines qui se soulèvent et respirent,
Sur les tapis des paumes et leur sourire,
Dans les corridors des os longs, et des articula-
    tions.

Emportez-moi, ou plutôt enfouissez-moi.

CHAQUE JOUR PLUS EXSANGUE

Le Malheur siffla ses petits et me désigna.
« C'est lui, leur dit-il, ne le lâchez plus. »
Et ils ne me lâchèrent plus.

Le Malheur siffla ses petits.
« C'est lui, leur dit-il, ne le lâchez plus. »
Ils ne m'ont plus lâché.

AMOURS

Toi que je ne sais où atteindre et qui ne liras
    pas ce livre,
Qui as fait toujours leur procès aux écrivains,
Petites gens, mesquins, manquant de vérité,
    vaniteux,
Toi pour qui Henri Michaux est devenu un nom
    propre peut-être semblable en tout point à
    ceux-là qu'on voit dans les faits divers ac-
    compagnés de la mention d'âge et de pro-
    fession,
Qui vis dans d'autres compagnies, d'autres
    plaines, d'autres souffles,
Pour qui cependant je m'étais brouillé avec
    toute une ville, capitale d'un pays nom-
    breux,
Et qui ne m'as pas laissé un cheveu en t'en
    allant, mais la seule recommandation de
    bien brûler tes lettres, n'es-tu pas pareille-
    ment à cette heure entre quatre murs et
    songeant?
Dis-moi, es-tu encore aussi amusée à prendre
    les jeunes gens timides à ton doux regard
    d'hôpital?

Moi, j'ai toujours mon regard fixe et fou;
Cherchant je ne sais quoi de personnel,
Je ne sais quoi à m'adjoindre dans cette infinie
    matière invisible et compacte,
Qui fait l'intervalle entre les corps de la matière
    appelée telle.
Cependant, je me suis abandonné à un nouveau
    « nous ».
Elle a comme toi des yeux de lampe très douce,
    plus grands, une voix plus dense, plus basse
    et un sort assez pareil au tien dans son
    début et son cheminement.
Elle a... elle avait, dis-je!
Demain ne l'aurai plus, mon amie Banjo.
Banjo,
Banjo,
Bibolabange la bange aussi,
Bilabonne plus douce encore,
Banjo,
Banjo,
Banjo restée toute seule, banjelette,
Ma Banjeby,
Si aimante, Banjo, si douce,
Ai perdu ta gorge menue,
Menue,
Et ton ineffable proximité.

Elles ont menti toutes mes lettres, Banjo... et
    maintenant je m'en vais.
J'ai un billet à la main : 17.084.
Compagnie Royale Néerlandaise.
Il n'y a qu'à suivre ce billet et l'on va en Équa-
    teur.

Et demain, billet et moi, nous nous en allons,
Nous partons pour cette ville de Quito, au nom
    de couteau.
Je suis tout replié quand je songe à cela;
Et pourtant on me dira :
    « Eh bien, qu'elle parte avec vous. »
Mais oui, on ne vous demandait qu'un petit
    miracle, vous, là-haut, tas de fainéants,
    dieux, archanges, élus, fées, philosophes, et
    les copains de génie
que j'ai tant aimés, Ruysbroek et toi Lau-
    tréamont,
qui ne te prenais pas pour trois fois zéro; un
    tout petit miracle qu'on vous demandait,
    pour Banjo et pour moi.

CONSEILS

Casanova, dans son exil, disait à qui voulait l'entendre : « Je suis Casanova, le faux Casanova. »
Ainsi de moi, Messieurs... comme assurément on l'entend.

Mâchez bien vos aliments avant de mourir,
Mâchez-les bien : une, deux, trois!
Triste figure c'est celle du diable,
Triste figure celle qui vous écoute.
Au chenil! au chenil! et pour toujours.
Appuyez-vous sur mon épaule, mon enfant,
Appuyez-vous sur mon âge et sur mon expé-
    rience,
Appuyez-vous sur ma religion et ma dépen-
    dance,
Appuyez-vous longtemps avant de vous en trou-
    ver bien,
Appuyez-vous en rêve et sans le montrer à per-
    sonne,
Appuyez-vous, plat contre dos et dos contre
    plat,
Appuyez-vous, chien dans le chenil,
Noyau dans le fruit, homme dans son néant.

JE SUIS GONG

Dans le chant de ma colère il y a un œuf,
Et dans cet œuf il y a ma mère, mon père et
  mes enfants,
Et dans ce tout il y a joie et tristesse mêlées, et
  vie.
Grosses tempêtes qui m'avez secouru,
Beau soleil qui m'as contrecarré,
Il y a haine en moi, forte et de date ancienne,
Et pour la beauté on verra plus tard.
Je ne suis, en effet, devenu dur que par lamelles;
Si l'on savait comme je suis resté moelleux au
  fond.
Je suis gong et ouate et chant neigeux,
Je le dis et j'en suis sûr.

HOMME DE LETTRES

Seul,
Être à soi-même son pain,
Et encore, il s'engrange qu'il dit,
Et pète par toutes les fissures.
En blocs, en lames, en jets et en cristal,
Mais derrière le mur de ses paroles,
C'est un grand sourd.

A MORT

Terribo la terribline.
Vinmur se cache et se reprend.
L'autre cède et se débranche, puis revient en
    crochet.
Et gnou, et glou et grouwouwou.
Poitrines, bras, jambes, et crânes, nez et dents.
Les voici qui débouchent dans la lutte.
Et houh! Wouh! Houwouwouh!
Cependant se détache le sang;
Se détachent petit à petit les sentiments,
La vie aussi,
Et se détachent enfin deux cadavres sur le che-
    min trempé,
Par un jour de grande pluie, en septembre.

MORT D'UN PAGE

Éborni, tuni et déjà plus fignu que fagnat.
... Petite chose et qui se meurt.
Alogoll! Alopertuis! Alogoll! Au secours, je vous
      prie...
Il est une druine, fuine, sen sen lom,
Il est une luine, suine, sen sen lom.
... Petite chose et qui se meurt.
Mais c'est aussi droit, na, phantaron,
Que chevalerie ou Cardinal de France.

ARTICULATIONS

Et go to go and go
Et garce!
Sarcospèle sur Saricot,
Bourbourane à talico,
Ou te bourdourra le bodogo,
Bodogi.
Croupe, croupe à la Chinon.
Et bourrecul à la misère.

RUBILILIEUSE

Rubililieuse et sans dormantes,
Vint cent Elles, Elle, Elle,
Rubililieuse ma bargerie,
Noue contre, noue, noue,
Ru vaignoire ma bargerie.

MARCHANT GRENU

Dans les aux-petits-arrêtez-potirons,
Écrasant grâce à quatre les deux-trois-tabacs-
    Bretagne,
Collés à sa manière,
Marchant grenu,
Écrivant rompu;
Tardez par tuer peu d'abeilles;
Soupons têtus à nippe-la-aux-œufs.
Lui, il auge.
Et fûmes-nous foutus,
Mieux s'agite vivre, prit qu'il n'y a qu'un Dieu,
Et rendre ses folles mûries, mariées à la tire-
    coque-drap,
C'est comme sourcils de plâtre mis à prendre
    dans un mur.

TERRE !

Fourmi aussi saucisses non plus farines,
Partie narajo, ni plus tristes ni cher faisan;
Des aïeux, des aïeux, que sont sortis ces temps;
Chercher, courir, les gober de bas en l'air,
Terre!
Terre! Terre! Touffés ceux qu'il vous donne.
Touffés, vous dis-je,
Touffés les leurs des leurs qui sont les vôtres,
Et souffre lui ranis de son sang.

RA

A tant refus secoue l'abeille manège son trou,
Avec arrêtez-la debout dans rouf-à-la-rouffarde;
Des plus, des sautes allégresses, des laisse-moi-
    assis,
Des rachète-moi-tout-cru, des libelle-donc-ça-
    autrement,
Et ra ra, ra et regarde-moi cette grosse bête de
    l'Institut.

RODRIGUE

Et rodrigue sa pente,
Et monocle son chemin,
Et plus de moins de sépias que de grandes
     vestes;
Ne nous n'avons-nous pas trouvé si tristes.
Ni le lui n'avons li pas si bien chantés,
Ni si pas, ni pas tant, ni tant bien,
Ni gros-gros qu'ils furent prêts de s'en aperce-
     voir,
Que nous chantâmes « Navions, Navions,
Navions que nous aimâmes jusqu'à la garde. »

MON DIEU

Il y avait un jour un rat
Et tellement on avait dû le maltraiter,
Je dirai mieux, c'était un mouton,
Et tellement on avait dû l'écraser,
Mais c'était, je le jure, un éléphant,
Et d'ailleurs, qu'on me comprenne bien,
Un de ces immenses troupeaux d'éléphants
    d'Afrique.
Qui ne sont jamais assez gros,
Et bien donc tellement on l'avait écrasé.
Et les rats suivaient, et ensuite les moutons,
Et tellement écrasés,
Et il y avait encore la canaille,
Et tellement écrasée
Et non seulement la canaille
Non seulement écrasée... non seulement ren-
    trée...

Oh! poids! Oh! anéantissement!
Oh! pelures d'Êtres!
Face impeccablement ravissante de la destruc-
    tion!

Savon parfait, Dieu que nous appelons à grands
   cris.
Il t'attend, ce monde insolemment rond. Il t'at-
   tend.
Oh! Aplatissement!
Oh! Dieu parfait!

L'AVENIR

Quand les mah,
Quand les mah,
Les marécages,
Les malédictions,
Quand les mahahahahas,
Les mahahaborras,
Les mahahamaladihahas,
Les matratrimatratrihahas,
Les hondregordegarderies,
Les honcucarachoncus,
Les hordanoplopais de puru para puru,
Les immoncéphales glossés,
Les poids, les pestes, les putréfactions,
Les nécroses, les carnages, les engloutissements,
Les visqueux, les éteints, les infects,
Quand le miel devenu pierreux,
Les banquises perdant du sang,
Les Juifs affolés rachetant le Christ précipitam-
      ment,
L'Acropole, les casernes changées en choux,
Les regards en chauve-souris, ou bien en barbe-
      lés, en boîte à clous,

De nouvelles mains en raz de marée,
D'autres vertèbres faites de moulins à vent,
Le jus de la joie se changeant en brûlure,
Les caresses en ravages lancinants, les organes
    du corps les mieux unis en duels au sabre,
Le sable à la caresse rousse se retournant en
    plomb sur tous les amateurs de plage,
Les langues tièdes, promeneuses passionnées, se
    changeant soit en couteaux, soit en durs
    cailloux,
Le bruit exquis des rivières qui coulent se chan-
    geant en forêts de perroquets et de mar-
    teaux-pilons,
Quand l'*Épouvantable-Implacable* se débondant
    enfin,
Assoira ses mille fesses infectes sur ce Monde
    fermé, centré, et comme pendu au clou,
Tournant, tournant sur lui-même sans jamais
    arriver à s'échapper,
Quand, dernier rameau de l'Être, la souffrance,
    pointe atroce, survivra seule, croissant en
    délicatesse,
De plus en plus aiguë et intolérable... et le Néant
    têtu tout autour qui recule comme la
    panique...
Oh! Malheur! Malheur!
Oh! Dernier souvenir, petite vie de chaque
    homme, petite vie de chaque animal, petites
    vies punctiformes!
Plus jamais.
Oh! Vide!
Oh! Espace! Espace non stratifié... Oh! Espace,
    Espace!

Postface

Par hygiène, peut-être, j'ai écrit « Mes Propriétés », pour ma santé.

Sans doute n'écrit-on pas pour autre chose. Sans doute ne pense-t-on pas autrement. Celui qui s'alimente des sons et de certains rapports de son, sent que ça lui convient et tel autre ce sera les spectacles et les rapports révélés par la biologie, tel autre la psychologie, que le calcul mathématique ou l'étude de la métaphysique laisserait toujours sous-alimenté (ou vice versa).

Au palier où il se trouve, l'athée ne peut pas croire en Dieu. Sa santé ne le lui permettrait pas.

Mais tout ceci n'est ni clair ni exclusif chez les gens bien portants. Tout leur convient à ces grossiers individus, comme aux bons estomacs.

Il arrive au contraire à certains malades un tel manque d'euphorie, une telle inadaptation aux prétendus bonheurs de la vie, que pour ne pas sombrer, ils sont obligés d'avoir recours à des idées entièrement nouvelles jusqu'à se reconnaître et se faire reconnaître pour Napoléon Ier *ou* Dieu le Père. *Ils font leur personnage selon leur force*

déclinante, sans construction, sans le relief et la
mise en valeur, ordinaire dans les œuvres d'art,
mais avec des morceaux, des pièces et des raccords
de fortune où seule s'étale ferme la conviction avec
laquelle ils s'accrochent à cette planche de salut.
Mentalement, ils ne songent qu'à passer à la
caisse. Qu'on les reconnaisse enfin pour Napo-
léon, c'est tout ce qu'ils demandent. (Le reste est
accessoire, né surtout des contradictions de l'en-
tourage.) Pour leur santé ils se sont faits Napo-
léon, pour se remettre. Et aussi une petite fille,
en sa vie si morne, veut absolument avoir été
violée dans un bois; pour sa santé. Et le lende-
main, oublieuse de la veille suivant ses besoins
du moment, elle rapporte avoir vu une girafe
verte boire au lac voisin, dans cette région déserte,
sans lac, sans girafe, sans verdure. Ce cinéma est
pour sa santé. Et il change suivant ses besoins.

« Mes Propriétés » furent faits ainsi.

Rien de l'imagination volontaire des profession-
nels. Ni thèmes, ni développements, ni construc-
tion, ni méthode. Au contraire la seule imagina-
tion de l'impuissance à se conformer.

Les morceaux, sans liens préconçus, y furent
faits paresseusement au jour le jour, suivant mes
besoins, comme ça venait, sans « pousser », en
suivant la vague, au plus pressé toujours, dans
un léger vacillement de la vérité, jamais pour
construire, simplement pour préserver.

Ce livre, cette expérience donc qui semble toute
venue de l'égoïsme, j'irais bien jusqu'à dire qu'elle
est sociale, tant voilà une opération à la portée
de tout le monde et qui semble devoir être si pro-

fitable aux faibles, aux malades et maladifs, aux enfants, aux opprimés et inadaptés de toute sorte.

Ces imaginatifs souffrants, involontaires, perpétuels, je voudrais de cette façon au moins leur avoir été utile.

N'importe qui peut écrire « Mes Propriétés ».

Même les mots inventés, même les animaux inventés dans ce livre sont inventés « nerveusement », et non constructivement selon ce que je pense du langage et des animaux.

H. M.

1934.

LA NUIT REMUE

TABLE   199

ŒUVRES D'HENRI MICHAUX
1899-1984

FACE À CE QUI SE DÉROBE. 1976.

CHOIX DE POÈMES. 1976.

POTEAUX D'ANGLE. 1981.

CHEMINS CHERCHÉS. CHEMINS PERDUS. TRANSGRESSIONS. 1982.

DÉPLACEMENTS. DÉGAGEMENTS. 1985.

AFFRONTEMENTS. 1986.

Aux Éditions Fata Morgana

IDÉOGRAMMES EN CHINE. 1975.

UNE VOIE POUR L'INSUBORDINATION. 1980.

COMME UN ENSABLEMENT. 1981.

Aux Éditions Flinker

PAIX DANS LES BRISEMENTS. 1959.

VENTS ET POUSSIÈRES. 1962.

Aux Éditions G.L.M.

VERS LA COMPLÉTUDE. 1967.

QUAND TOMBENT LES TOITS. 1973.

Aux Éditions du Mercure de France

L'INFINI TURBULENT. 1957.

Aux Éditions Skira

ÉMERGENCES. RÉSURGENCES. 1972.

Ce volume,
le deux cent dix-septième de la collection Poésie,
a été reproduit et achevé d'imprimer
par l'Imprimerie Floch à Mayenne
le 14 mai 1987.
Dépôt légal : mai 1987.
Numéro d'imprimeur : 25484.

ISBN 2-07-032438-9 / Imprimé en France.